LE COMTE

DE

MONTE-CHRISTO

PAR

ALEXANDRE DUMAS.

6

PARIS.
PÉTION, LIBRAIRE-ÉDITEUR
DES OEUVRES COMPLÈTES D'EUGÈNE SUE,
14, RUE DU JARDINET.
—
1845

PARIS. — IMPRIMÉ PAR PLON FRÈRES,
RUE DE VAUGIRARD, 36.

LE COMTE
DE
MONTE-CHRISTO.

PAR

ALEXANDRE DUMAS.

VI.

PARIS.
PÉTION, LIBRAIRE-ÉDITEUR
11, RUE DU JARDINET.

1845.

LE COMTE DE MONTE-CHRISTO.

CHAPITRE PREMIER.

LES CATACOMBES DE SAINT-SÉBASTIEN.

(Suite.)

— Eh bien! mais, dit le comte en se tournant du côté de Franz, il me semble qu'elle en vaut bien une autre, cette histoire. Qu'en dites-vous, vous qui êtes connaisseur?

— Je dis que je la trouverais fort drôle, répondit Franz, si elle était arrivée à un autre qu'à ce pauvre Albert.

— Le fait est, dit le comte, que si vous ne m'aviez pas trouvé là, c'était une bonne fortune qui coûtait un peu cher à votre ami; mais, rassurez-vous, il en sera quitte pour la peur.

— Et nous allons toujours le chercher? demanda Franz.

— Pardieu! d'autant plus qu'il est dans un endroit fort pittoresque. Connaissez-vous les catacombes de Saint-Sébastien?

— Non, je n'y suis jamais descendu, mais je me promettais d'y descendre un jour.

— Eh bien! voici l'occasion toute trouvée, et il serait difficile d'en rencontrer une autre meilleure. Avez-vous votre voiture?

— Non.

— Cela ne fait rien; on a l'habitude de m'en tenir une tout attelée, nuit et jour.

— Tout attelée?

— Oui, je suis un être fort capricieux; il faut vous dire que parfois en me levant, à la fin de mon dîner, au milieu de la nuit, il me prend l'envie de partir pour un point du monde quelconque, et je pars.

Le comte sonna un coup, son valet de chambre parut.

— Faites sortir la voiture de la remise,

dit-il, et ôtez-en les pistolets qui sont dans les poches; il est inutile de réveiller le cocher, Ali conduira.

Au bout d'un instant on entendit le bruit de la voiture qui s'arrêtait devant la porte.

Le comte tira sa montre.

— Minuit et demi, dit-il : nous aurions pu partir d'ici à cinq heures du matin et arriver encore à temps; mais peut-être ce retard aurait-il fait passer une mauvaise nuit à votre compagnon, il vaut donc mieux aller tout courant le tirer des mains des infidèles. Êtes-vous toujours décidé à m'accompagner?

— Plus que jamais.

— Eh bien, venez alors.

Franz et le comte sortirent suivis de Peppino.

A la porte, ils trouvèrent la voiture. Ali était sur le siége. Franz reconnut l'esclave muet de la grotte de Monte-Christo.

Franz et le comte montèrent dans la voiture, qui était un coupé; Peppino se plaça près d'Ali, et l'on partit au galop. Ali avait reçu ses ordres d'avance, car il prit la rue du Cours, traversa le campo Vaccino, remonta la strada San Gregorio et arriva à la porte Saint-Sébastien; là le concierge voulut faire quelques difficultés, mais le comte de Monte-Christo présenta une autorisation du gouverneur de Rome d'entrer dans la ville et d'en sortir à toute heure du jour et de la nuit : la herse fut donc levée, le concierge reçut un louis pour sa peine, et l'on passa.

La route que suivait la voiture était l'ancienne voie Appienne, toute bordée de tombeaux. De temps en temps, au clair de la lune qui commençait à se lever, il semblait à Franz voir comme une sentinelle se détacher d'une ruine; mais aussitôt, à un signe échangé entre Peppino et cette sentinelle, elle rentrait dans l'ombre et disparaissait.

Un peu avant le cirque de Caracalla la voiture s'arrêta, Peppino vint ouvrir la portière, et le comte et Franz descendirent.

— Dans dix minutes, dit le comte à son compagnon, nous serons arrivés.

Puis il prit Peppino à part, lui donna un ordre tout bas, et Peppino partit après s'être muni d'une torche que l'on tira du coffre du coupé.

Cinq minutes s'écoulèrent encore, pendant lesquelles Franz vit le berger s'enfoncer par un petit sentier au milieu des mouvements de terrain qui forment le sol convulsionné de la plaine de Rome, et disparaître dans ces hautes herbes rougeâtres qui semblent la crinière hérissée de quelque lion gigantesque.

— Maintenant, dit le comte, suivons-le.

Franz et le comte s'engagèrent à leur

tour dans le même sentier qui, au bout de cent pas, les conduisit par une pente inclinée au fond d'une petite vallée.

Bientôt on aperçut deux hommes causant dans l'ombre.

— Devons-nous continuer d'avancer? demanda Franz au comte, ou faut-il attendre?

— Marchons; Peppino doit avoir prévenu la sentinelle de notre arrivée.

En effet, l'un de ces deux hommes était Peppino, l'autre était un bandit placé en vedette.

Franz et le comte s'approchèrent; le bandit salua.

— Excellence, dit Peppino en s'adressant au comte, si vous voulez me suivre, l'ouverture des catacombes est à deux pas d'ici.

— C'est bien, dit le comte; marche devant.

En effet, derrière un massif de buissons et au milieu de quelques roches s'offrait une ouverture par laquelle un homme pouvait à peine passer.

Peppino se glissa le premier par cette gerçure; mais à peine eut-il fait quelques pas que le passage souterrain s'élargit. Alors il s'arrêta, alluma sa torche, et se retourna pour voir s'il était suivi.

Le comte s'était engagé le premier dans

une espèce de soupirail, et Franz venait après lui.

Le terrain s'enfonçait par une pente douce et s'élargissait à mesure que l'on avançait; mais cependant Franz et le comte étaient encore forcés de marcher courbés et eussent eu peine à passer deux de front. Ils firent encore cent cinquante pas ainsi, puis ils furent arrêtés par le cri de *Qui vive?*

En même temps ils virent au milieu de l'obscurité briller sur le canon d'une carabine le reflet de leur propre torche.

— *Ami!* dit Peppino; et il s'avança seul et dit quelques mots à voix basse à cette seconde sentinelle qui, comme la première, salua en faisant signe aux visiteurs nocturnes qu'ils pouvaient continuer leur chemin.

Derrière la sentinelle était un escalier d'une vingtaine de marches, Franz et le comte descendirent les vingt marches et se trouvèrent dans une espèce de carrefour mortuaire. Cinq routes divergeaient comme les rayons d'une étoile, et les parois des murailles, creusées de niches superposées ayant la forme de cercueils, indiquaient que l'on était enfin entré dans les catacombes.

Dans l'une de ces cavités, dont il était impossible de distinguer l'étendue, on voyait, le jour, quelques reflets de lumière.

Le comte posa la main sur l'épaule de Franz.

— Voulez-vous voir un camp de bandits au repos? lui dit-il.

— Certainement, répondit Franz.

— Eh bien, venez avec moi... Peppino, éteins la torche.

Peppino obéit, et Franz et le comte se trouvèrent dans la plus profonde obscurité; seulement, à cinquante pas à peu près en avant d'eux, continuèrent de danser le long des murailles quelques lueurs rougeâtres devenues encore plus visibles depuis que Peppino avait éteint sa torche.

Ils avancèrent silencieusement, le comte guidant Franz comme s'il avait eu cette singulière faculté de voir dans les ténèbres. Au reste, Franz lui-même distinguait plus facilement son chemin à mesure qu'il approchait de ces reflets qui leur servaient de guides.

Trois arcades, dont celle du milieu servait de porte, leur donnaient passage.

Ces arcades s'ouvraient d'un côté sur le corridor où étaient le comte et Franz, et de l'autre sur une grande chambre carrée tout entourée de niches pareilles à celles dont nous avons déjà parlé. Au milieu de cette chambre s'élevaient quatre pierres qui autrefois avaient servi d'autel, comme l'indiquait la croix qui les surmontait encore.

Une seule lampe, posée sur un fût de

colonne, éclairait d'une lumière pâle et vacillante l'étrange scène qui s'offrait aux yeux des deux visiteurs cachés dans l'ombre.

Un homme était assis, le coude appuyé sur cette colonne, et lisait, tournant le dos aux arcades par l'ouverture desquelles les nouveaux arrivés le regardaient.

C'était le chef de la bande, Luigi Vampa.

Tout autour de lui, groupés selon leur caprice, couchés dans leurs manteaux ou adossés à une espèce de banc de pierre qui régnait tout autour du columbarium, on distinguait une vingtaine de brigands; chacun avait sa carabine à la portée de la main.

Au fond, silencieuse, à peine visible et pareille à une ombre, une sentinelle se promenait de long en large devant une espèce d'ouverture qu'on ne distinguait que parce que les ténèbres semblaient plus épaisses en cet endroit.

Lorsque le comte crut que Franz avait suffisamment réjoui ses regards de ce pittoresque tableau, il porta le doigt à ses lèvres pour lui recommander le silence; et, montant les trois marches qui conduisaient du corridor au columbarium, il entra dans la chambre par l'arcade du milieu et s'avança vers Vampa, qui était si profondément plongé dans sa lecture qu'il n'entendit point le bruit de ses pas.

— Qui vive? cria la sentinelle moins

préoccupée et qui vit à la lueur de la lampe une espèce d'ombre qui grandissait derrière son chef.

A ce cri Vampa se leva vivement, tirant du même coup un pistolet de sa ceinture.

En un instant tous les bandits furent sur pied et vingt canons de carabine se dirigèrent sur le comte.

— Eh bien! dit tranquillement celui-ci d'une voix parfaitement calme et sans qu'un seul muscle de son visage bougeât; eh bien! mon cher Vampa, il me semble que voilà bien des frais pour recevoir un ami!

— Armes bas! cria le chef en faisant un signe impératif d'une main tandis que de l'autre il ôtait respectueusement son chapeau.

Puis se retournant vers le singulier personnage qui dominait toute cette scène :

— Pardon, monsieur le comte, lui dit-il, mais j'étais si loin de m'attendre à l'honneur de votre visite, que je ne vous avais pas reconnu.

— Il paraît que vous avez la mémoire courte en toute chose, Vampa, dit le comte, et que non-seulement vous oubliez le visage des gens, mais encore les conditions faites avec eux.

— Et quelles conditions ai-je donc oublié, monsieur le comte? demanda le bandit en homme qui s'il a commis une erreur ne demande pas mieux que de la réparer.

— N'a-t-il pas été convenu, dit le comte, que non-seulement ma personne, mais encore celle de mes amis, vous seraient sacrées ?

— Et en quoi ai-je manqué au traité, Excellence ?

— Vous avez enlevé ce soir et vous avez transporté ici le vicomte Albert de Morcerf ; eh bien, continua le comte avec un accent qui fit frissonner Franz, ce jeune homme est *de mes amis*, ce jeune homme loge dans le même hôtel que moi, ce jeune homme a fait Corso pendant huit jours dans ma propre calèche, et cependant, je vous le répète, vous l'avez enlevé, vous l'avez transporté ici, et, ajouta le comte en tirant la lettre de sa poche, vous l'avez mis à rançon comme s'il était le premier venu.

— Pourquoi ne m'avez-vous pas prévenu de cela, vous autres? dit le chef en se tournant vers ses hommes, qui reculèrent tous devant son regard; pourquoi m'avez-vous exposé ainsi à manquer à ma parole envers un homme comme M. le comte, qui tient notre vie à tous entre ses mains? Par le sang du Christ! si je croyais qu'un de vous eût su que le jeune homme était l'ami de son Excellence, je lui brûlerais la cervelle de ma propre main.

— Eh bien! dit le comte en se retournant du côté de Franz, je vous avais bien dit qu'il y avait quelque erreur là-dessous.

— N'êtes-vous pas seul? demanda Vampa avec inquiétude.

— Je suis avec la personne à qui cette lettre était adressée, et à qui j'ai voulu prouver que Luigi Vampa est un homme de parole. Venez, Excellence, dit-il à Franz, voilà Luigi Vampa qui va vous dire lui-même qu'il est désespéré de l'erreur qu'il vient de commettre.

Franz s'approcha, le chef fit quelques pas au-devant de Franz.

— Soyez le bienvenu parmi nous, Excellence, lui dit-il; vous avez entendu ce que vient de dire le comte, et ce que je lui ai répondu : j'ajouterai que je ne voudrais pas, pour les quatre mille piastres auxquelles j'avais fixé la rançon de votre ami, que pareille chose fût arrivée.

— Mais, dit Franz en regardant tout autour de lui avec inquiétude, où donc est le prisonnier, je ne le vois pas?

— Il ne lui est rien arrivé, j'espère? demanda le comte en fronçant le sourcil.

— Le prisonnier est là, dit Vampa en montrant de la main l'enfoncement devant lequel se promenait le bandit en faction, et je vais lui annoncer moi-même qu'il est libre.

— Le chef s'avança vers l'endroit désigné par lui comme servant de prison à

Albert, et Franz et le comte le suivirent.

— Que fait le prisonnier? demanda Vampa à la sentinelle.

— Ma foi, capitaine, répondit celle-ci, je n'en sais rien; depuis plus d'une heure, je ne l'ai pas entendu remuer.

— Venez, Excellences! dit Vampa.

Le comte et Franz montèrent sept ou huit marches toujours précédés par le chef, qui tira un verrou et poussa une porte.

Alors, à la lueur d'une lampe pareille à celle qui éclairait le columbarium, on put voir Albert, enveloppé d'un manteau que lui avait prêté un des bandits, couché dans un coin et dormant du plus profond sommeil.

— Allons! dit le comte souriant de ce sourire qui lui était particulier, pas mal pour un homme qui devait être fusillé à sept heures du matin.

Vampa regardait Albert endormi avec une certaine admiration, on voyait qu'il n'était pas insensible à cette preuve de courage.

— Vous avez raison, monsieur le comte, dit-il, cet homme doit être de vos amis.

Puis s'approchant d'Albert et lui touchant l'épaule :

— Excellence! dit-il, vous plaît-il de vous éveiller?

Albert étendit les bras, se frotta les paupières et ouvrit les yeux.

— Ah, ah ! dit-il, c'est vous, capitaine ! pardieu, vous auriez bien dû me laisser dormir ; je faisais un rêve charmant : je rêvais que je dansais le galop chez Torlonia avec la comtesse G***!

Il tira sa montre qu'il avait gardée pour juger lui-même le temps écoulé.

— Une heure et demie du matin ! dit-il, mais pourquoi diable m'éveillez-vous à cette heure-ci ?

— Pour vous dire que vous êtes libre, Excellence.

— Mon cher, reprit Albert avec une liberté d'esprit parfaite, retenez bien à l'avenir cette maxime de Napoléon-le-Grand : « Ne m'éveillez que pour les mauvaises nouvelles. » Si vous m'aviez laissé dormir, j'achevais mon galop, et je vous en aurais été reconnaissant toute ma vie... On a donc payé ma rançon ?

— Non, Excellence.

— Eh bien, alors, comment suis-je libre ?

— Quelqu'un, à qui je n'ai rien à refuser, est venu vous réclamer.

— Jusqu'ici ?

— Jusqu'ici.

— Ah! pardieu! ce quelqu'un-là est bien aimable!

Albert regarda tout autour de lui et aperçut Franz.

— Comment, lui dit-il, c'est vous, mon cher Franz, qui poussez le dévouement jusque-là?

— Non pas moi, répondit Franz, mais notre voisin, M. le comte de Monte-Christo.

— Ah! pardieu! monsieur le comte, dit gaiement Albert en rajustant sa cravate et ses manchettes, vous êtes un homme véritablement précieux, et j'espère que vous me regarderez comme votre éternel obligé, d'abord pour l'affaire de la voiture, ensuite pour celle-ci! et il tendit la main au comte, qui frissonna au moment de lui donner la sienne, mais qui cependant la lui donna.

Le bandit regardait toute cette scène

d'un air stupéfait; il était évidemment habitué à voir ses prisonniers trembler devant lui, et voilà qu'il y en avait un dont l'humeur railleuse n'avait subi aucune altération : quant à Franz, il était enchanté qu'Albert eût soutenu, même vis-à-vis d'un bandit, l'honneur national.

— Mon cher Albert, lui dit-il, si vous voulez vous hâter, nous aurons encore le temps d'aller finir la nuit chez Torlonia, vous reprendrez votre galop où vous l'avez interrompu, de sorte que vous ne garderez aucune rancune au seigneur Luigi, qui s'est véritablement, dans toute cette affaire, conduit en galant homme.

— Ah, vraiment! dit-il, vous avez raison, et nous pourrons y être à deux heures.

Seigneur Luigi, continua Albert, y a-t-il quelque autre formalité à remplir pour prendre congé de Votre Excellence?

— Aucune, monsieur, répondit le bandit, et vous êtes libre comme l'air.

— En ce cas, bonne et joyeuse vie! venez, messieurs! venez!

Et Albert, suivi de Franz et du comte, descendit l'escalier et traversa la grande salle carrée; tous les bandits étaient debout et le chapeau à la main.

— Peppino, dit le chef, donne-moi la torche.

— Eh bien, que faites-vous donc? demanda le comte.

— Je vous reconduis, dit le capitaine;

c'est bien le moindre honneur que je puisse rendre à Votre Excellence.

Et prenant la torche allumée des mains du pâtre, il marcha devant ses hôtes, non pas comme un valet qui accomplit une œuvre de servilité, mais comme un roi qui précède des ambassadeurs.

Arrivé à la porte, il s'inclina.

— Et maintenant, monsieur le comte, dit-il, je vous renouvelle mes excuses, et j'espère que vous ne me gardez aucun ressentiment de ce qui vient d'arriver?

— Non, mon cher Vampa, dit le comte; d'ailleurs vous rachetez vos erreurs d'une façon si galante, qu'on est presque tenté de vous savoir gré de les avoir commises.

— Messieurs! reprit le chef en se retournant du côté des jeunes gens, peut-être l'offre ne vous paraîtra-t-elle pas bien attrayante; mais, s'il vous prenait jamais envie de me faire une seconde visite, partout où je serai vous serez les bienvenus.

Franz et Albert saluèrent. Le comte sortit le premier, Albert ensuite, Franz restait le dernier.

— Votre Excellence a quelque chose à me demander? dit Vampa en souriant.

— Oui, je l'avoue, répondit Franz, je serais curieux de savoir quel était l'ouvrage que vous lisiez avec tant d'attention quand nous sommes arrivés.

— Les *Commentaires de César*, dit le

bandit, c'est mon livre de prédilection.

— Eh bien, ne venez-vous pas? demanda Albert.

— Si fait, répondit Franz, me voilà !

Et il sortit à son tour du soupirail.

On fit quelques pas dans la plaine.

— Ah! pardon! dit Albert en revenant en arrière; voulez-vous permettre, capitaine !

Et il alluma son cigare à la torche de Vampa.

— Maintenant, monsieur le comte, dit-il, la plus grande diligence possible! je tiens énormément à aller finir ma nuit chez le duc de Bracciano.

On retrouva la voiture où on l'avait

laissée; le comte dit un seul mot arabe à Ali, et les chevaux partirent à fond de train.

Il était deux heures juste à la montre d'Albert quand les deux amis rentrèrent dans la salle de danse.

Leur retour fit événement; mais, comme ils entraient ensemble, toutes les inquiétudes que l'on avait pu concevoir sur Albert cessèrent à l'instant même.

— Madame, dit le comte de Morcerf en s'avançant vers la comtesse, hier vous avez eu la bonté de me promettre un galop, je viens un peu tard réclamer cette gracieuse promesse; mais voilà mon ami, dont vous connaissez la véracité, qui vous affirmera qu'il n'y a pas de ma faute.

Et comme en ce moment la musique donnait le signal de la valse, Albert passa son bras autour de la taille de la comtesse et disparut avec elle dans le tourbillon des danseurs.

Pendant ce temps Franz songeait au singulier frissonnement qui avait passé par tout le corps du comte de Monte-Christo au moment où il avait été en quelque sorte forcé de donner la main à Albert.

CHAPITRE II.

LE RENDEZ-VOUS.

Le lendemain en se levant, le premier mot d'Albert fut pour proposer à Franz d'aller faire une visite au comte; il l'avait déjà remercié la veille, mais il comprenait qu'un service comme celui qu'il lui avait rendu valait bien deux remercîments.

Franz, qu'un attrait mêlé de terreur attirait vers le comte de Monte-Christo, ne voulut pas le laisser aller seul chez cet homme et l'accompagna; tous deux furent introduits dans le salon : cinq minutes après, le comte parut.

— Monsieur le comte, lui dit Albert en allant à lui, permettez-moi de vous répéter ce matin ce que je vous ai mal dit hier : c'est que je n'oublierai jamais dans quelle circonstance vous m'êtes venu en aide et que je me souviendrai toujours que je vous dois la vie ou à peu près.

— Mon cher voisin, répondit le comte en riant, vous vous exagérez vos obligations envers moi. Vous me devez une petite économie d'une vingtaine de mille francs sur votre budget de voyage et voilà tout, vous voyez bien que ce n'est pas la peine d'en parler. De votre côté, ajouta-t-il, recevez tous mes compliments, vous avez été adorable de sans-gêne et de laisser-aller.

— Que voulez-vous, comte! dit Albert; je me suis figuré que je m'étais fait une mauvaise querelle et qu'un duel s'en était suivi, et j'ai voulu faire comprendre une chose à ces bandits : c'est qu'on se bat dans tous les pays du monde, mais qu'il n'y a que les Français qui se battent en riant. Néanmoins, comme mon obligation vis-à-vis de vous n'en est pas moins grande, je viens vous demander si, par moi, par mes amis et par mes connaissances, je ne pourrais pas vous être bon à quelque chose. Mon père, le comte de Morcerf, qui est d'origine espagnole, à une haute position en France et en Espagne, je viens me mettre moi, et tous les gens qui m'aiment, à votre disposition.

— Eh bien, dit le comte, je vous avoue, monsieur de Morcerf, que j'attendais votre offre et que je l'accepte de grand cœur. J'avais déjà jeté mon dévolu sur vous pour vous demander un grand service.

— Lequel?

— Je n'ai jamais été à Paris; je ne connais pas Paris....

— Vraiment, s'écria Albert, vous avez pu vivre jusqu'à présent sans voir Paris, c'est incroyable!

— C'est ainsi, cependant; mais je sens comme vous qu'une plus longue ignorance de la capitale du monde intelligent est chose impossible. Il y a plus : peut-être même aurais-je fait ce voyage indispensable depuis long-temps, si j'avais connu quelqu'un qui pût m'introduire dans ce monde où je n'avais aucune relation.

— Oh ! un homme comme vous ! s'écria Albert.

— Vous êtes bien bon ; mais, comme je ne me reconnais à moi-même d'autre mérite que de pouvoir faire concurrence comme millionnaire à M. Aguado ou à M. Rotschild, et que je ne vais pas à Paris pour jouer à la bourse, cette petite circonstance m'a retenu. Maintenant votre offre me décide. Voyons, vous engagez-vous, mon cher monsieur de Morcerf (le comte accompagna ces mots d'un singulier sourire), vous engagez-vous, lorsque j'irai en France, à m'ouvrir les portes de ce monde où je serai aussi étranger qu'un Huron ou qu'un Cochinchinois ?

— Oh! quant à cela, monsieur le comte, à merveille et de grand cœur! répondit Albert; et d'autant plus volontiers (mon cher Franz, ne vous moquez pas trop de moi!) que je suis rappelé à Paris par une lettre que je reçois ce matin même et où il est question pour moi d'une alliance avec une maison fort agréable et qui a les meilleures relations dans le monde parisien.

— Alliance par mariage? dit Franz en riant.

—Oh! mon Dieu oui! Ainsi, quand vous reviendrez à Paris, vous me trouverez

homme posé et peut-être père de famille.
Cela ira bien à ma gravité naturelle, n'est-
ce pas ? En tout cas, comte, je vous le répète, moi et les miens sommes à vous corps
et âme.

— J'accepte, dit le comte, car je vous
jure qu'il ne me manquait que cette occasion pour réaliser des projets que je rumine
depuis long-temps.

Franz ne douta point un instant que ces
projets ne fussent ceux dont le comte avait
laissé échapper un mot dans la grotte de
Monte-Christo, et il regarda le comte pendant qu'il disait ces paroles, pour essayer
de saisir sur sa physionomie quelque ré-
vélation de ces projets qui le conduisaient
à Paris ; mais il était bien difficile de péné-

trer dans l'âme de cet homme, surtout lorsqu'il la voilait avec un sourire.

— Mais, voyons, comte, reprit Albert enchanté d'avoir à produire un homme comme Monte-Christo, n'est-ce pas là un de ces projets en l'air, comme on en fait mille en voyage, et qui, bâtis sur le sable, sont emportés au premier souffle du vent?

— Non, d'honneur, dit le comte; je veux aller à Paris, il faut que j'y aille.

— Et quand cela?

— Mais quand y serez-vous vous-même?

— Moi, dit Albert; oh, mon Dieu! dans quinze jours ou trois semaines au plus tard; le temps de revenir, voilà tout.

— Eh bien! dit le comte, je vous donne

trois mois; vous voyez que je vous fais la mesure large.

— Et dans trois mois, s'écria Albert avec joie, vous venez frapper à ma porte?

— Voulez-vous un rendez-vous jour pour jour, heure pour heure? dit le comte, je vous préviens que je suis d'une exactitude désespérante.

— Jour pour jour, heure pour heure, dit Albert; cela me va à merveille.

— Eh bien! soit. Il étendit la main vers un calendrier suspendu près de la glace. Nous sommes aujourd'hui, dit-il, le 21 février (il tira sa montre), il est dix heures et demie du matin. Voulez-vous m'attendre le 21 mai prochain, à dix heures et demie du matin?

— A merveille! dit Albert, le déjeuner sera prêt.

— Vous demeurez?

— Rue du Helder, n. 27.

— Vous êtes chez vous en garçon, je ne vous gênerai pas?

— J'habite dans l'hôtel de mon père, mais un pavillon au fond de la cour entièrement séparé.

— Bien.

Le comte prit ses tablettes et écrivit: « Rue du Helder, n. 27, 21 mai, à dix heures et demie du matin. »

— Et maintenant, dit le comte en remettant ses tablettes dans sa poche, soyez tranquille, l'aiguille de votre pendule ne sera pas plus exacte que moi.

— Je vous reverrai avant mon départ? demanda Albert.

— C'est selon : quand partez-vous?

— Je pars demain, à cinq heures du soir.

— En ce cas, je vous dis adieu. J'ai affaire à Naples, et ne serai de retour ici que samedi soir ou dimanche matin. Et vous, demanda le comte à Franz, partez-vous aussi, monsieur le baron?

— Oui.

— Pour la France?

—Non, pour Venise. Je reste encore un an ou deux en Italie.

— Nous ne nous verrons donc pas à Paris ?

—Je crains de ne pas avoir cet honneur.

—Allons, messieurs, bon voyage, dit le comte aux deux amis en leur tendant à chacun une main.

C'était la première fois que Franz touchait la main de cet homme; il tressaillit, car elle était glacée comme celle d'un mort.

— Une dernière fois, dit Albert, c'est bien arrêté sur parole d'honneur, n'est-ce pas? rue du Helder, n. 27, le 21 mai, à dix heures et demie du matin?

— Le 21 mai, à dix heures et demie du matin, rue du Helder, n. 27, reprit le comte.

Sur quoi les deux jeunes gens saluèrent le comte et sortirent.

— Qu'avez-vous donc? dit en rentrant chez lui Albert à Franz, vous avez l'air tout soucieux?

— Oui, dit Franz, je vous l'avoue, le comte est un homme singulier, et je vois avec inquiétude ce rendez-vous qu'il vous a donné à Paris.

— Ce rendez-vous... avec inquiétude! Ah çà! mais êtes-vous fou, mon cher Franz? s'écria Albert.

— Que voulez-vous? dit Franz; fou ou non, c'est ainsi.

— Écoutez, reprit Albert, et je suis bien aise que l'occasion se présente de vous dire cela, mais je vous ai toujours trouvé assez froid pour le comte, que, de son côté, j'ai toujours trouvé parfait, au contraire, pour nous. Avez-vous quelque chose de particulier contre lui?

— Peut-être.

— L'aviez-vous déjà vu quelque part avant de le rencontrer ici?

— Justement.

— Où cela?

—Me promettez-vous de ne pas dire un mot de ce que je vais vous raconter?

— Je vous le promets.

— Parole d'honneur ?

— Parole d'honneur.

— C'est bien. Écoutez donc.

Et alors Franz raconta à Albert son excursion à l'île de Monte-Christo, comment il y avait trouvé un équipage de contrebandiers, et au milieu de cet équipage deux bandits corses. Il s'appesantit sur utes les circonstances de l'hospitalité féerique que le comte lui avait donnée dans sa grotte des *Mille et une Nuits*. Il lui raconta le souper, le hatchis, les statues, la réalité et le rêve, et comment à son réveil il ne restait plus comme preuve et comme souvenir de tous ces événements que ce petit yacht, faisant à l'horizon voile pour Porto-Vecchio. Puis il passa à Rome, à la nuit du Colisée, à la conversation qu'il avait entendue entre lui et Vampa, conversation relative à Peppino, et dans laquelle le comte avait promis d'obtenir la grâce du bandit, promesse qu'il avait si bien tenue, ainsi que nos lecteurs ont pu en juger.

Enfin, il en arriva à l'aventure de la nuit précédente, à l'embarras où il s'était trouvé en voyant qu'il lui manquait pour compléter la somme six ou sept cents piastres ; enfin, à l'idée qu'il avait eue de s'adresser au comte, idée qui avait eu à la fois un résultat si pittoresque et si satisfaisant.

Albert écoutait Franz de toutes ses oreilles.

— Eh bien! lui dit-il quand il eut fini, où voyez-vous dans tout cela quelque chose à reprendre. Le comte est voyageur, le comte a un bâtiment à lui, parce qu'il est riche. Allez à Portsmouth ou à Southampton, vous verrez les ports encombrés de yachts appartenant à de riches Anglais qui ont la même fantaisie. Pour savoir où s'arrêter dans ses excursions, pour ne pas manger cette affreuse cuisine qui nous empoisonne, moi depuis quatre mois, vous depuis quatre ans; pour ne pas coucher dans ces abominables lits où l'on ne peut dormir, il se fait meubler un pied-à-terre à Monte-Christo : quand son pied-à-terre est meublé, il craint que le gouvernement toscan ne lui donne congé et que ses dépenses ne soient perdues, alors il achète l'île et en prend le nom. Mon cher, fouillez dans votre souvenir, et dites-moi combien de gens de notre connaissance prennent le nom de propriétés qu'ils n'ont jamais eues.

— Mais, dit Franz à Albert, les bandits corses qui se trouvent dans son équipage?

— Eh bien! qu'y a-t-il d'étonnant à cela? Vous savez mieux que personne, n'est-ce pas, que les bandits corses ne sont point des voleurs, mais purement et simplement des fugitifs que quelque vendetta a exilés de leur ville ou de leur village; on peut donc les voir sans se compromettre; quant à moi je déclare que si jamais je vais en Corse, avant de me faire présenter au gouverneur et au préfet, je me fais présenter aux bandits de Colomba, si toutefois on peut mettre la main dessus; je les trouve charmants.

— Mais Vampa et sa troupe, reprit Franz; ceux-là sont des bandits qui arrêtent pour voler; vous ne le niez pas, je l'espère; que dites-vous de l'influence du comte sur de pareils hommes?

— Je dirai, mon cher, que, comme selon toute probabilité je dois la vie à cette influence, ce n'est point à moi à la critiquer de trop près. Ainsi donc, au lieu de lui en faire comme vous un crime capital, vous trouverez bon que je l'excuse, sinon de m'avoir sauvé la vie, ce qui est peut-être un peu exagéré, mais du moins de m'avoir épargné quatre mille piastres, qui font bel et bien vingt-quatre mille livres de notre monnaie, somme à laquelle on ne m'aurait certes pas estimé en France; ce qui prouve, ajouta Albert en riant, que nul n'est prophète en son pays.

— Eh bien ! voilà justement ; de quel pays est le comte ? quelle langue parle-t-il ? quels sont ses moyens d'existence ? d'où lui vient son immense fortune ? quelle a été cette première partie de sa vie mystérieuse et inconnue ? qui a répandu sur la seconde cette teinte sombre et misanthropique ? Voilà, à votre place, ce que je voudrais savoir.

— Mon cher Franz, reprit Albert, quand en recevant ma lettre vous avez vu que nous avions besoin de l'influence du comte, vous avez été lui dire : Albert de Morcerf, mon ami, court un danger ; aidez-moi à le tirer de ce danger, n'est-ce pas ?

— Alors, vous a-t-il demandé, qu'est-ce que M. Albert de Morcerf? d'où lui vient son nom? d'où lui vient sa fortune? quels sont ses moyens d'existence? quel est son pays? où est-il né? Vous a-t-il demandé tout cela, dites?

— Non, je l'avoue.

— Il est venu, voilà tout. Il m'a tiré des mains de M. Vampa, où, malgré mes apparences pleines de désinvolture, comme vous dites, je faisais fort mauvaise figure, je l'avoue. Eh bien! mon cher, quand, en échange d'un pareil service, il me demande de faire pour lui ce qu'on fait tous les jours pour le premier prince russe ou italien qui passe par Paris, c'est-à-dire de le présenter dans le monde; vous voulez que je lui refuse cela. Allons donc, Franz, vous êtes fou.

Il faut dire que, contre l'habitude, toutes les bonnes raisons étaient cette fois du côté d'Albert.

— Enfin, reprit Franz avec un soupir, faites comme vous voudrez, mon cher vicomte ; car tout ce que vous méditez là est fort spécieux, je l'avoue ; mais il n'en est pas moins vrai que le comte de Monte-Christo est un homme étrange.

— Le comte de Monte-Christo est un philantrope. Il ne vous a pas dit dans quel but il venait à Paris. Eh bien ! il vient pour concourir au prix Montyon ; et s'il ne lui faut que ma voix pour qu'il les obtienne, et l'influence de ce monsieur si laid qui les fait obtenir, eh bien! je lui donnerai l'une, et je lui garantirai l'autre. Sur ce, mon cher Franz, ne parlons plus de cela, mettons-nous à table, et allons faire une dernière visite à Saint-Pierre.

Il fut fait comme disait Albert, et le lendemain, à cinq heures de l'après-midi, les deux jeunes gens se quittaient, Albert de Morcerf pour revenir à Paris, Franz d'Épinay pour aller passer une quinzaine de jours à Venise.

Mais, avant de monter en voiture, Albert remit encore au garçon de l'hôtel, tant il avait peur que son convive ne manquât au rendez-vous, une carte pour le comte de Monte-Christo, sur laquelle, au-dessous de ces mots : « Vicomte Albert de Morcerf », il avait écrit au crayon :

« Je vous garantirai d'avance, un 21 mai, à dix heures et demie du matin, au 27, rue du Helder.

« Signé à Rome, ...

Il fut fait ainsi : seulement, avant que le lendemain, à cinq heures de l'après-midi, les deux jeunes gens se quittassent, Albert de Morcerf pour revenir à Paris, Franz d'Épinay pour aller passer vers sa chartreuse de jours à Venise.

Mais, avant de monter en voiture, Albert remit encore au garçon de l'hôtel, tant il avait peur que son convive ne manquât au rendez-vous, une carte pour le comte de Monte-Christo, sur laquelle au-dessous de

CHAPITRE III.

LES CONVIVES.

Dans cette maison de la rue du Helder, où Albert de Morcerf avait donné rendez-vous à Rome au comte de Monte-Christo, tout se préparait dans la matinée du 21 mai pour faire honneur à la parole du jeune homme.

Albert de Morcerf habitait un pavillon situé à l'angle d'une grande cour, et faisant face à un autre bâtiment destiné aux communs. Deux fenêtres de ce pavillon seulement donnaient sur la rue, les autres étaient percées, trois sur la cour, et deux autres en retour sur le jardin.

Entre cette cour et ce jardin s'élevait, bâtie avec le mauvais goût de l'architecture impériale, l'habitation fashionable et vaste du comte et de la comtesse de Morcerf.

Sur toute la largeur de la propriété régnait, donnant sur la rue, un mur surmonté de distance en distance de vases de fleurs, et coupé au milieu par une grande grille aux lances dorées, qui servait aux entrées d'apparat : une petite porte, presque accolée à la loge du concierge, donnait passage aux gens de service ou aux maîtres entrant ou sortant à pied.

On devinait, dans ce choix du pavillon destiné à l'habitation d'Albert, la délicate prévoyance d'une mère, qui, ne voulant pas se séparer de son fils, avait cependant compris qu'un jeune homme de l'âge du vicomte avait besoin de sa liberté tout entière. On y reconnaissait aussi, d'un autre côté, nous devons le dire, l'intelligent égoïsme du jeune homme, épris de cette vie libre et oisive qui est celle des fils de famille, et qu'on lui dorait comme à l'oiseau sa cage.

Par ces deux fenêtres donnant sur la

rue, Albert de Morcerf pouvait faire ses explorations au dehors. La vue du dehors est nécessaire aux jeunes gens qui veulent toujours voir le monde traverser leur horizon, cet horizon ne fût-il que celui de la rue; puis son exploration faite, si cette exploration paraissait mériter un examen plus approfondi, Albert de Morcerf pouvait, pour se livrer à ses recherches, sortir par une petite porte faisant pendant à celle que nous avons indiquée près de la loge du portier, et qui mérite une mention particulière.

C'était une petite porte qu'on eût dite oubliée de tout le monde depuis le jour où la maison avait été bâtie, et qu'on eût crue condamnée à tout jamais, tant elle semblait discrète et poudreuse, mais dont la serrure et les gonds soigneusement huilés annonçaient une pratique mystérieuse et suivie. Cette petite porte sournoise faisait concurrence aux deux autres, et se moquait du concierge, à la vigilance et à la juridiction duquel elle échappait, s'ouvrant comme la fameuse porte de la caverne des *Mille et une Nuits*, comme la Sésame enchantée d'Ali-Baba, au moyen de quelques mots cabalistiques ou de quelques grattements convenus, prononcés par les plus douces voix ou opérés par les doigts les plus effilés du monde.

Au bout d'un corridor vaste et calme, auquel communiquait cette petite porte, et qui faisait antichambre, s'ouvraient à droite la salle à manger d'Albert donnant sur la cour, et à gauche son petit salon donnant sur le jardin. Des massifs, des plantes grimpantes s'élargissant en éventail devant les fenêtres, cachaient à la cour et au jardin l'intérieur de ces deux pièces, les seules, placées au rez-de-chaussée, comme elles l'étaient, où pussent pénétrer les regards indiscrets.

Au premier, ces deux pièces se répétaient, enrichies d'une troisième prise sur l'antichambre. Ces trois pièces étaient un salon, une chambre à coucher et un boudoir.

Le salon d'en bas n'était qu'une espèce de divan algérien destiné aux fumeurs.

Le boudoir du premier donnait dans la chambre à coucher, et, par une porte invisible, communiquait avec l'escalier. On voit que toutes les mesures de précaution étaient prises.

Au-dessus de ce premier étage régnait un vaste atelier, que l'on avait agrandi en jetant bas murailles et cloisons, pandémonium que l'artiste disputait au dandy. Là, se réfugiaient et s'entassaient tous les caprices successifs d'Albert, les cors de chasse, les basses, les flûtes, un orchestre complet, car Albert avait eu un instant, non pas le goût, mais la fantaisie de la musique ; les chevalets, les palettes, les pastels, car à la fantaisie de la musique avait succédé la fatuité de la peinture ; puis les fleurets, les gants de boxe, les espadons et les cannes de tout genre ; car enfin, suivant les traditions des jeunes gens à la mode de l'époque où nous sommes arrivés, Albert de Morcerf cultivait avec infiniment plus de persévérance, qu'il n'avait fait de la musique et de la peinture, ces trois arts qui complètent l'éducation léonine, c'est-à-dire l'escrime, la boxe et le bâton, et il recevait successivement dans cette pièce destinée à tous les exercices du corps, Grisier, Cooks et Charles Lacour.

Le reste des meubles de cette pièce privilégiée étaient de vieux bahuts du temps de François Ier, bahuts pleins de porcelaines de Chine, de vases du Japon, de faïences de Lucca de la Robbia et de plats d Bernard de Palissy ; d'antiques fauteuils où s'étaient peut-être assis Henri IV ou Sully, Louis XIII ou Richelieu, car deux de ces fauteuils, ornés d'un écusson sculpté, où brillaient sur l'azur les trois fleurs de lis de France surmontées d'une couronne royale, sortaient visiblement des garde-meubles du Louvre, ou tout au moins de celui de quelque château royal. Sur ces fauteuils, aux fonds sombres et sévères, étaient jetées pêle-mêle de riches étoffes aux vives couleurs, teintes au soleil de la Perse ou écloses sous les doigts des femmes de Calcutta et de Chandernagor. Ce que faisaient là ces étoffes, on n'eût pas pu le dire; elles attendaient, en récréant les yeux, une destination inconnue à leur propriétaire lui-même, et en attendant, elles illuminaient l'appartement de leurs reflets soyeux et dorés.

A la place la plus apparente se dressait un piano taillé par Roller et Blanchet dans du bois de rose, piano à la taille de nos salons de Lilliputiens, renfermant cependant un orchestre dans son étroite et sonore cavité, et gémissant sous le poids des chefs-d'œuvre de Beethoven, de Weber, de Mozart, d'Haydn, de Grétry et de Porpora.

Puis partout, le long des murailles, au-dessus des portes, au plafond, des épées, des poignards, des crics, des masses, des haches, des armures complètes dorées, damasquinées, incrustées; des herbiers, des blocs de minéraux, des oiseaux bourrés de crin, ouvrant pour un vol immobile leurs ailes couleur de feu et leur bec qu'ils ne ferment jamais.

Il va sans dire que cette pièce était la pièce de prédilection d'Albert.

Cependant, le jour du rendez-vous, le jeune homme, en demi-toilette, avait établi son quartier général dans le petit salon du rez-de-chaussée. Là, sur une table entourée à distance d'un divan large et moelleux, tous les tabacs connus, depuis le tabac jaune de Pétersbourg jusqu'au tabac noir du Sinaï, en passant par le maryland, le porto-rico et le latakié, resplendissaient dans les pots de faïence craquelée qu'adorent les Hollandais. A côté d'eux, dans des cases de bois odorant, étaient rangées par ordre de taille et de qualité les puros, les regalia, les havane et les manille ; enfin, dans une armoire tout ouverte, une collection de pipes allemandes, de chibouques aux bouquins d'ambre ornées de corail, et de narguilés incrustés d'or, aux longs tuyaux de maroquin roulés comme des serpents, attendait le caprice ou la sympathie des fumeurs. Albert avait présidé lui-même à l'arrangement ou plutôt au désordre symétrique qu'après le café les convives d'un déjeuner moderne aiment à contempler à travers la vapeur qui s'échappe de leur bouche et qui monte au plafond en longues et capricieuses spirales.

A dix heures moins un quart, un valet de chambre entra. C'était, avec un petit groom de quinze ans, ne parlant qu'anglais et répondant au nom de John, tout le domestique de Morcerf. Bien entendu que dans les jours ordinaires le cuisinier de l'hôtel était à sa disposition, et que dans les grandes occasions le chasseur du comte était mis à ses ordres.

Ce valet de chambre, qui s'appelait Germain et qui jouissait de la confiance entière de son jeune maître, tenait à la main une liasse de journaux qu'il déposa sur la table, et un paquet de lettres qu'il remit à Albert.

Albert jeta un œil distrait sur ces différentes missives, en choisit deux aux écritures fines et aux enveloppes parfumées, les décacheta et les lut avec une certaine attention.

— Comment sont venues ces lettres? demanda-t-il.

— L'une est venue par la poste, l'autre a été apportée par le valet de chambre de madame Danglars.

— Faites dire à madame Danglars que j'accepte la place qu'elle m'offre dans sa loge... Attendez donc... puis, dans la journée, vous passerez chez Rosa; vous lui direz que j'irai, comme elle m'y invite, souper avec elle en sortant de l'Opéra, et vous lui porterez six bouteilles de vins assortis, de Chypre, de Xérès, de Malaga, et un baril d'huîtres d'Ostende;... prenez les huîtres chez Borrel, et dites surtout que c'est pour moi.

— A quelle heure monsieur veut-il être servi?

— Quelle heure avons-nous?

— Dix heures moins un quart.

— Eh bien, servez pour dix heures et

demie précises. Debray sera peut-être forcé d'aller à son ministère... Et d'ailleurs... (Albert consulta ses tablettes) c'est bien l'heure que j'ai indiquée au comte, le 21 mai, à dix heures et demie du matin, et, quoique je ne fasse pas grand fond sur sa promesse, je veux être exact. A propos, savez-vous si madame la comtesse est levée?

— Si monsieur le vicomte le désire, je m'en informerai.

— Oui... Vous lui demanderez une de ses caves à liqueurs, la mienne est incomplète, et vous lui direz que j'aurai l'honneur de passer chez elle vers trois heures, et que je lui fais demander la permission de lui présenter quelqu'un.

Le valet sortit. Albert se jeta sur le divan, déchira l'enveloppe de deux ou trois journaux, regarda les spectacles, fit la grimace en reconnaissant que l'on jouait un opéra et non un ballet, chercha vainement dans les annonces de parfumerie un opiat pour les dents, dont on lui avait parlé, et rejeta l'une après l'autre les trois feuilles les plus courues de Paris, en murmurant au milieu d'un bâillement prolongé :

— En vérité, ces journaux deviennent de plus en plus assommants.

En ce moment une voiture légère s'arrêta devant la porte, et un instant après, le valet de chambre rentra pour annoncer M. Lucien Debray. Un grand jeune homme blond, pâle, à l'œil gris et assuré, aux lèvres minces et froides, à l'habit bleu aux boutons d'or ciselés, à la cravate blanche, au lorgnon d'écaille suspendu par un fil de soie, et que, par un effort du nerf sourcilier et du nerf zygomatique, il parvenait à fixer de temps en temps dans la cavité de son œil droit, entra sans sourire, sans parler, et d'un air demi-officiel.

— Bonjour, Lucien, bonjour! dit Albert. Ah! vous m'effrayez, mon cher, avec votre exactitude! Que dis-je, exactitude! vous que je n'attendais que le dernier, vous arrivez à dix heures moins cinq minutes, lorsque le rendez-vous définitif n'est qu'à dix heures et demie! c'est miraculeux! le ministère serait-il renversé, par hasard?

— Non, très-cher, dit le jeune homme en s'incrustant dans le divan, rassurez-vous; nous chancelons toujours, mais nous ne tombons jamais; et je commence à croire que nous passons tout bonnement à l'inamovibilité, sans compter que les affaires de la Péninsule vont nous consolider tout à fait.

— Ah! oui, c'est vrai; vous chassez don Carlos d'Espagne?

— Non pas, très-cher ; ne confondons point; nous le ramenons de l'autre côté de la frontière de France, et nous lui offrons une hospitalité royale à Bourges.

— A Bourges?

— Oui, il n'a pas à se plaindre, que

diable! Bourges est la capitale du roi Charles VII. Comment, vous ne saviez pas cela! C'est connu depuis hier de tout Paris, et avant-hier la chose avait déjà transpiré à la Bourse; car M. Danglars (je ne sais point par quel moyen cet homme sait les nouvelles en même temps que nous), car M. Danglars a joué à la hausse et a gagné un million.

— Et vous, un ruban nouveau, à ce qu'il paraît, car je vois un liséré bleu ajouté à votre brochette?

— Heu! ils m'ont envoyé la plaque de Charles III, répondit négligemment Debray.

— Allons, ne faites donc pas l'indifférent, et avouez que la chose vous a fait plaisir à recevoir.

— Ma foi, oui, comme complément de toilette, une plaque fait bien sur un habit noir boutonné; c'est élégant.

— Et, dit Morcerf en souriant, on a l'air du prince de Galles ou du duc de Reichstadt.

— Voilà donc pourquoi vous me voyez si matin, très-cher.

— Parce que vous avez la plaque de Charles III et que vous vouliez m'annoncer cette bonne nouvelle?

— Non ; parce que j'ai passé la nuit à expédier des lettres : vingt-cinq dépêches diplomatiques. Rentré chez moi ce matin au jour, j'ai voulu dormir; mais le mal de tête m'a pris, et je me suis relevé pour monter à cheval une heure. A Boulogne, l'ennui et la faim m'ont saisi; deux ennemis qui vont rarement ensemble, et qui cependant se sont ligués contre moi; une espèce d'alliance carlo-républicaine; je me suis alors souvenu que l'on festinait chez vous ce matin, et me voilà : j'ai faim, nourrissez-moi; je m'ennuie, amusez-moi.

— C'est mon devoir d'amphitryon, cher ami! dit Albert en sonnant le valet de chambre, tandis que Lucien faisait sauter, avec le bout de sa badine à pomme d'or incrustée de turquoise, les journaux dépliés; Germain, un verre de Xérès et un biscuit. En attendant, mon cher Lucien, voici des cigares, de contrebande bien entendu ; je vous engage à les goûter, et à inviter votre ministre à nous en vendre de pareils, au lieu de ces espèces de feuilles de noyer qu'il condamne de bons citoyens à fumer.

— Peste! je m'en garderais bien. Du moment où ils vous viendraient du gouvernement, vous n'en voudriez plus et les trouveriez exécrables. D'ailleurs, cela ne regarde pas l'intérieur, cela regarde les finances : adressez-vous à M. Humann, section des contributions indirectes, corridor A, numéro 26.

— En vérité, dit Albert, vous m'étonnez par l'étendue de vos connaissances. Mais prenez donc un cigare!

— Ah! cher comte, dit Lucien en allumant un manille à une bougie rose brûlant dans un bougeoir de vermeil et en se renversant sur le divan, ah! cher comte, que vous êtes heureux de n'avoir rien à faire! en vérité, vous ne connaissez pas votre bonheur!

— Et que feriez-vous donc, mon cher pacificateur de royaumes, reprit Morcerf avec une légère ironie, si vous ne faisiez rien! Comment! secrétaire particulier d'un ministre, lancé à la fois dans la grande cabale européenne et dans les petites intrigues de Paris; ayant des rois, et mieux que cela, des reines à protéger, des partis à réunir, des élections à diriger; faisant plus de votre cabinet, avec votre plume et votre télégraphe, que Napoléon ne faisait de ses champs de bataille avec son épée et ses victoires ; possédant vingt-cinq mille livres de rente en dehors de votre place ; un cheval dont Château-Renaud vous a offert quatre cents louis, et que vous n'avez pas voulu donner ; un tailleur qui ne vous manque jamais un pantalon ; ayant l'Opéra, le Jockey-Club et le théâtre des Variétés, vous ne trouvez pas dans tout cela de quoi vous distraire ? Eh bien ! soit, je vous distrairai, moi.

— Comment cela ?

— En vous faisant faire une connaissance nouvelle.

— En homme ou en femme ?

— En homme.

— Oh! j'en connais déjà beaucoup!

— Mais vous n'en connaissez pas comme celui dont je vous parle.

— D'où vient-il donc? du bout du monde?

— De plus loin peut-être.

— Ah diable! j'espère qu'il n'apporte pas notre déjeuner?

— Non, soyez tranquille, notre déjeuner se confectionne dans les cuisines maternelles. Mais vous avez donc faim?

— Oui, je l'avoue, si humiliant que cela soit à dire. Mais j'ai dîné hier chez M. de Villefort; et avez-vous remarqué cela, cher ami, on dîne très-mal chez tous ces gens du parquet : on dirait toujours qu'ils ont des remords.

— Ah pardieu ! dépréciez les dîners des autres ; avec cela qu'on dîne bien chez vos ministres.

— Oui, mais nous n'invitons pas les gens comme il faut, au moins ; et si nous n'étions pas obligés de faire les honneurs de notre table à quelques croquants qui pensent, et surtout qui votent bien, nous nous garderions comme de la peste de dîner chez nous, je vous prie de le croire.

— Alors, mon cher, prenez un second verre de xérès et un autre biscuit.

— Volontiers, votre vin d'Espagne est excellent; vous voyez bien que nous avons eu tout à fait raison de pacifier ce pays-là.

— Oui, mais don Carlos?

— Eh bien! don Carlos boira du vin de Bordeaux, et dans dix ans nous marierons son fils à la petite reine.

— Ce qui vous vaudra la Toison-d'Or, si vous êtes encore au ministère.

— Je crois, Albert, que vous avez adopté pour système ce matin de me nourrir de fumée.

— Eh! c'est encore ce qui amuse le mieux l'estomac, convenez-en; mais, tenez, justement j'entends la voix de Beauchamp dans l'antichambre, vous vous disputerez ; cela vous fera prendre patience.

— A propos de quoi ?

— A propos de journaux.

— Oh ! cher ami, dit Lucien avec un souverain mépris, est-ce que je lis les journaux !

— Raison de plus, alors vous vous disputerez bien davantage.

— Monsieur Beauchamp ! annonça le valet de chambre.

— Entrez, entrez, plume terrible ! dit Albert en se levant et en allant au-devant du jeune homme, tenez, voici Debray qui vous déteste sans vous lire, à ce qu'il dit du moins.

— Il a bien raison, dit Beauchamp, c'est comme moi, je le critique sans savoir ce qu'il fait. Bonjour, commandeur.

— Ah! vous savez déjà cela, répondit le secrétaire particulier en échangeant avec le journaliste une poignée de main et un sourire.

— Pardieu! reprit Beauchamp.

— Et qu'en dit-on dans le monde?

— Dans quel monde? Nous avons beaucoup de mondes, en l'an de grâce 1838.

— Eh! dans le monde critico-politique, dont vous êtes un des lions.

— Mais on dit que c'est chose fort juste, et qu vous semez assez de rouge pour qu'il pousse un peu de bleu.

— Allons, allons, pas mal, dit Lucien, pourquoi n'êtes-vous donc pas des nôtres, mon cher Beauchamp? ayant de l'esprit comme vous en avez, vous feriez fortune en trois ou quatre ans !

— Aussi je n'attends qu'une chose pour suivre votre conseil. C'est un ministère qui soit assuré pour six mois. Maintenant, un seul mot, mon cher Albert, car aussi bien faut-il que je laisse respirer le pauvre Lucien. Déjeunons-nous ou dînons-nous? J'ai la Chambre, moi. Tout n'est pas roses, comme vous le voyez, dans notre métier.

— On déjeunera seulement ; nous n'attendons plus que deux personnes, et l'on se mettra à table aussitôt qu'elles seront arrivées.

CHAPITRE IV.

LE DÉJEUNER.

— Et quelles sortes de personnes attendez-vous à déjeuner? dit Beauchamp.

— Un gentilhomme et un diplomate, reprit Albert.

— Alors c'est l'affaire de deux petites

heures pour le gentilhomme et de deux grandes heures pour le diplomate. Je reviendrai au dessert. Gardez-moi des fraises, du café et des cigares. Je mangerai une côtelette à la Chambre.

— N'en faites rien, Beauchamp; car, le gentilhomme fût-il un Montmorency et le diplomate un Metternich, nous déjeunerons à onze heures précises : en attendant faites comme Debray, goûtez mon xérès et mes biscuits.

— Allons donc, soit, je reste. Il faut absolument que je me distraie ce matin.

— Bon, vous voilà comme Debray! il me semble cependant que lorsque le Ministère est triste, l'Opposition doit être gaie !

— Ah ! voyez-vous, cher ami, c'est que vous ne savez point ce qui me menace. J'entendrai ce matin un discours de M. Danglars à la Chambre des Députés, et ce soir chez sa femme une tragédie d'un pair de France. Le diable emporte le gouvernement constitutionnel ! et puisque nous avions le choix, à ce qu'on dit, comment avons-nous choisi celui-là ?

— Je comprends, vous avez besoin de faire provision d'hilarité.

— Ne dites donc pas de mal des discours de M. Danglars, dit Debray : il vote pour vous, il fait de l'opposition.

— Voilà, pardieu ! bien le mal ; aussi j'attends que vous l'envoyiez discourir au

Luxembourg pour en rire tout à mon aise.

— Mon cher, dit Albert à Beauchamp, on voit bien que les affaires d'Espagne sont arrangées, vous êtes ce matin d'une aigreur révoltante. Rappelez-vous donc que la chronique parisienne parle d'un mariage entre moi et mademoiselle Eugénie Danglars. Je ne puis donc pas, en conscience, vous laisser mal parler de l'éloquence d'un homme qui doit me dire un jour : « Monsieur le vicomte, vous savez que je donne deux millions à ma fille. »

— Allons donc ! dit Beauchamp, ce mariage ne se fera jamais. Le roi a pu le faire comte, il pourra le faire pair, mais il ne le fera point gentilhomme, et le comte de Morcerf est une épée trop aristocratique pour consentir, moyennant deux pauvres millions, à une mésalliance. Le vicomte de Morcerf ne doit épouser qu'une marquise.

— Deux millions! c'est cependant joli, reprit Morcerf.

— C'est le capital social d'un théâtre de boulevard ou d'un chemin de fer du Jardin des Plantes à la Râpée.

— Laissez-le dire, Morcerf, reprit nonchalamment Debray, et mariez-vous. Vous épousez l'étiquette d'un sac, n'est-ce pas! eh bien! que vous importe! mieux vaut alors sur cette étiquette un blason de moins et un zéro de plus; vous avez sept merlettes dans vos armes, vous en donnerez trois à votre femme et il vous en restera encore quatre. C'est une de plus qu'à M. de Guise qui a failli être roi de France, et dont le cousin germain était l'empereur d'Allemagne.

— Ma foi, je crois que vous avez raison, Lucien, répondit distraitement Albert.

— Et certainement! d'ailleurs tout millionnaire est noble comme un bâtard, c'est-à-dire qu'il peut l'être.

— Chut! ne dites pas cela, Debray, reprit en riant Beauchamp, car voici Château-Renaud qui, pour vous guérir de votre manie de paradoxer, vous passera au travers du corps l'épée de Renaud de Montauban, son ancêtre.

— Il dérogerait alors, répondit Lucien, car je suis vilain et très-vilain.

— Bon ! s'écria Beauchamp, voilà le ministère qui chante du Béranger, où allons-nous, mon Dieu !

— Monsieur de Château-Renaud ! monsieur Maximilien Morrel ! dit le valet de chambre en annonçant deux nouveaux convives.

— Complets alors ! dit Beauchamp, et nous allons déjeuner ; car, si je ne me trompe, vous n'attendiez plus que deux personnes, Albert ?

— Morrel ! murmura Albert surpris ; Morrel ! qu'est-ce que cela ?

Mais avant qu'il eût achevé, M. de Château-Renaud, beau jeune homme de trente ans, gentilhomme des pieds à la tête, c'est-à-dire avec la figure d'un Guiche et l'esprit d'un Mortemart, avait pris Albert par la main.

— Permettez-moi, mon cher, lui dit-il, de vous présenter M. le capitaine de spahis Maximilien Morrel, mon ami, et de plus mon sauveur. Au reste, l'homme se présente assez bien par lui-même. Saluez mon héros, vicomte.

Et il se rangea pour démasquer ce grand et noble jeune homme au front large, à l'œil perçant, aux moustaches noires, que nos lecteurs se rappellent avoir vu à Marseille, dans une circonstance assez dramatique peut-être pour qu'ils ne l'aient point encore oublié. Un riche uniforme, demifrançais, demi-oriental, admirablement porté, faisait valoir sa large poitrine décorée de la croix de la Légion-d'Honneur et ressortir la cambrure hardie de sa taille.

Le jeune officier s'inclina avec une politesse pleine d'élégance ; Morrel était gracieux dans chacun de ses mouvements, parce qu'il était fort.

— Monsieur, dit Albert avec une affectueuse courtoisie, M. le baron de Château-Renaud savait d'avance tout le plaisir qu'il me procurait en me faisant faire votre connaissance ; vous êtes de ses amis, monsieur, soyez des nôtres.

— Très-bien, dit Château-Renaud, et souhaitez, mon cher vicomte, que, le cas échéant, il fasse pour vous ce qu'il a fait pour moi.

— Et qu'a-t-il donc fait? demanda Albert.

— Oh! dit Morrel, cela ne vaut pas la peine d'en parler, et monsieur exagère.

— Comment! dit Château-Renaud, cela ne vaut pas la peine d'en parler! La vie ne vaut pas la peine qu'on en parle!... En vérité, c'est par trop philosophique ce que vous dites là, mon cher monsieur Morrel... Bon pour vous qui exposez votre vie tous les jours, mais pour moi qui l'expose une fois par hasard...

— Ce que je vois de plus clair dans tout

cela, baron, c'est que M. le capitaine Morrel vous a sauvé la vie.

— Oh! mon Dieu! oui, tout bonnement, reprit Château-Renaud.

— Et à quelle occasion? demanda Beauchamp.

— Beauchamp, mon ami, vous saurez que je meurs de faim! dit Debray, ne donnez donc pas dans les histoires.

— Eh bien! mais, dit Beauchamp, je n'empêche pas qu'on se mette à table, moi... Château-Renaud nous racontera cela à table.

— Messieurs, dit Morcerf, il n'est encore que dix heures un quart, remarquez bien cela, et nous attendons un dernier convive.

— Ah ! c'est vrai, un diplomate, reprit Debray.

— Un diplomate ou autre chose, je n'en sais rien ; ce que je sais ; c'est que, pour mon compte, je l'ai chargé d'une ambassade qu'il a si bien terminée à ma satisfaction, que si javais été roi je l'eusse fait à l'instant chevalier de tous mes Ordres, eussé-je eu à la fois la disposition de la Toison-d'Or et de la Jarretière.

— Alors, puisqu'on ne se met point encore à table, dit Debray, versez-vous un verre de Xérès, comme nous avons fait, et racontez-nous cela, baron.

— Vous savez tous que l'idée m'était venue d'aller en Afrique.

— C'est un chemin que vos ancêtres vous ont tracé, mon cher Château-Renaud, répondit galamment Morcerf.

— Oui, mais je doute que cela fût, comme eux, pour délivrer le tombeau du Christ.

— Vous avez raison, Beauchamp, dit le jeune aristocrate ; c'était tout bonnement pour faire le coup de pistolet en amateur. Le duel me répugne, comme vous savez, depuis que deux témoins, que j'avais choisis pour accommoder une affaire, m'ont forcé de casser le bras à un de mes meilleurs amis... eh ! pardieu ! à ce pauvre Franz d'Epinay, que vous connaissez tous.

— Ah! oui, c'est vrai, dit Debray, vous vous êtes battu dans le temps... A quel propos?

— Le diable m'emporte si je m'en souviens! dit Château-Renaud; mais ce que je me rappelle parfaitement, c'est qu'ayant honte de laisser dormir un talent comme le mien, j'ai voulu essayer sur les Arabes des pistolets neufs dont on venait de me faire cadeau. En conséquence, je m'embarquai pour Oran ; d'Oran je gagnai Constantine, et j'arrivai juste pour voir lever le siége. Je me mis en retraite comme les autres. Pendant quarante-huit heures je supportai assez bien la pluie le jour, la neige la nuit;

enfin, dans la troisième matinée, mon cheval mourut de froid. Pauvre bête! accoutumée aux couvertures et au poêle de l'écurie... un cheval arabe qui seulement s'est trouvé un peu dépaysé en rencontrant dix degrés de froid en Arabie.

— C'est pour cela que vous voulez m'acheter mon cheval anglais, dit Debray; vous supposez qu'il supportera mieux le froid que votre arabe.

— Vous vous trompez, car j'ai fait vœu de ne plus retourner en Afrique.

— Vous avez donc eu bien peur? demanda Beauchamp.

— Ma foi, oui, je l'avoue, répondit Château-Renaud; et il y avait de quoi!

Mon cheval était donc mort; je faisais ma retraite à pied, six Arabes vinrent au galop pour me couper la tête, j'en abattis deux de mes deux coups de fusil, deux de mes deux coups de pistolets, mouches pleines; mais il en restait deux, et j'étais désarmé. L'un me prit par les cheveux, c'est pour cela que je les porte courts maintenant, on ne sait pas ce qui peut arriver; l'autre m'enveloppa le cou de son yatagan, et je sentais déjà le froid aigu du fer quand monsieur, que vous voyez, chargea à son tour sur eux, tua celui qui me tenait par les cheveux d'un coup de pistolet, et fendit la tête de celui qui s'apprêtait à me couper la gorge d'un coup de sabre. Monsieur s'était donné pour tâche de sauver un homme ce jour-là, le hasard a voulu que ce fût moi; quand je serai riche, je ferai faire par Klagmann ou par Marochetti une statue du Hasard.

— Oui, dit en souriant Morrel ; c'était le 5 septembre, c'est-à-dire l'anniversaire d'un jour où mon père fut miraculeusement sauvé ; aussi, autant qu'il est en mon pouvoir, je célèbre tous les ans ce jour-là par quelque action...

— Héroïque, n'est-ce pas? interrompit Château-Renaud ; bref, je fus l'élu, mais ce n'est pas le tout. Après m'avoir sauvé du fer, il me sauva du froid en me donnant non pas la moitié de son manteau, comme faisait saint Martin, mais en me le donnant tout entier ; puis de la faim, en partageant avec moi, devinez quoi?

— Un pâté de chez Félix? demanda Beauchamp.

— Non pas; son cheval, dont nous mangeâmes chacun un morceau de grand appétit : c'était dur.

— Le cheval? demanda en riant Morcerf.

— Non, le sacrifice, répondit Château-Renaud. Demandez à Debray s'il sacrifierait son anglais pour un étranger?

— Pour un étranger, non, dit Debray, mais pour un ami, peut-être.

— Je devinai que vous deviendriez le mien, monsieur le comte, dit Morrel; d'ailleurs, j'ai eu déjà l'honneur de vous le dire, héroïsme ou non, sacrifice ou non, ce jour-là, je devais une offrande à la mauvaise fortune en récompense de la faveur que nous avait faite autrefois la bonne.

— Cette histoire, à laquelle M. Morrel fait allusion, continua Château-Renaud, est tout une admirable histoire qu'il vous racontera un jour, quand vous aurez fait avec lui plus ample connaissance; pour aujourd'hui, garnissons l'estomac et non la mémoire. A quelle heure déjeunez-vous, Albert?

— A dix heures et demie.

— Précises? demanda Debray en tirant sa montre.

— Oh! vous m'accorderez bien les cinq

minutes de grâce, dit Morcerf; car moi aussi j'attends un sauveur.

— A qui?

— A moi, parbleu! répondit Morcerf. Croyez-vous donc qu'on ne puisse pas me sauver comme un autre et qu'il n'y a que les Arabes qui coupent la tête! Notre déjeuner est un déjeuner philanthropique, nous aurons à notre table, je l'espère du moins, deux bienfaiteurs de l'humanité.

— Comment ferons-nous? dit Debray; nous n'avons qu'un prix Monthyon.

— Eh bien! mais on le donnera à quelqu'un qui n'aura rien fait pour l'avoir, dit Beauchamp. C'est de cette façon-là que d'ordinaire l'Académie se tire d'embarras.

— Et d'où vient-il? demanda Debray; excusez l'insistance; vous avez déjà, je le sais bien, répondu à cette question, mais assez vaguement pour que je me permette de la poser une seconde fois.

— En vérité, dit Albert, je n'en sais rien. Quand je l'ai invité, il y a deux mois de cela, il était à Rome; mais depuis ce temps-là qui peut dire le chemin qu'il a fait!

— Et le croyez-vous capable d'être exact? demanda Debray.

— Je le crois capable de tout, répondit Morcerf.

— Faites attention qu'avec les cinq minutes de grâce, nous n'avons plus que dix minutes.

— Eh bien! j'en profiterai pour vous dire un mot de mon convive.

— Pardon, dit Beauchamp, y a-t-il matière à un feuilleton dans ce que vous allez nous raconter?

— Oui, certes, dit Morcerf; et des plus curieux même.

— Dites alors, car je vois bien que je manquerai la Chambre; il faut que je me rattrape.

— J'étais à Rome au carnaval dernier.

— Nous savons cela, dit Beauchamp.

— Oui, mais ce que vous ne savez pas,

c'est que j'avais été enlevé par des brigands.

— Il n'y a pas de brigands, dit Debray.

— Si fait, il y en a, et de hideux même, c'est-à-dire d'admirables, car je les ai trouvés beaux à faire peur.

— Voyons, mon cher Albert, dit Debray, avouez que votre cuisinier est en retard, que les huîtres ne sont pas arrivées de Marennes ou d'Ostende, et qu'à l'exemple de madame de Maintenon, vous voulez remplacer le plat par un conte. Dites-le, mon cher, nous sommes d'assez bonne compagnie pour vous le pardonner et pour écouter votre histoire, toute fabuleuse qu'elle promet d'être.

— Et moi je vous dis : Toute fabuleuse qu'elle est, je vous la donne pour vraie d'un bout à l'autre. Les brigands m'avaient donc enlevé et m'avaient conduit dans un endroit fort triste qu'on appelle les catacombes de Saint-Sébastien.

— Je connais cela, dit Château-Renaud; j'ai manqué d'y attraper la fièvre.

— Et moi j'ai fait mieux que cela, dit Morcerf; je l'ai eue réellement. On m'avait annoncé que j'étais prisonnier sauf rançon, une misère, quatre mille écus romains, vingt-six mille livres tournois. Malheureusement je n'en avais plus que quinze cents; j'étais au bout de mon voyage, et mon crédit était épuisé. J'écrivis à Franz. Et, tenez! pardieu Franz en était, et vous pouvez lui demander si je mens d'une virgule. J'écrivis à Franz que s'il n'arrivait pas à six heures du matin avec les quatre mille écus, à six heures dix minutes j'aurais rejoint les bienheureux saints et les glorieux martyrs dans la compagnie desquels j'avais l'honneur de me trouver ; et M. Luigi Vampa, c'est le nom de mon chef de brigands, m'aurait, je vous prie de le croire, tenu scrupuleusement parole.

— Mais Franz arriva avec les quatre mille écus, dit Château-Renaud. Que diable! on n'est pas embarrassé pour quatre mille écus quand on s'appelle Franz d'Épinay ou Albert de Morcerf.

— Non, il arriva purement et simplement accompagné du convive que je vous annonce et que j'espère vous présenter.

— Ah çà! mais c'est donc un Hercule tuant Cacus, que ce monsieur; un Persée délivrant Andromède?

— Non, c'est un homme de ma taille à peu près.

— Armé jusqu'aux dents?

— Il n'avait pas même une aiguille à tricoter.

— Mais il traita de votre rançon?

— Il dit deux mots à l'oreille du chef, et je fus libre.

— On lui fit même des excuses de l'avoir arrêté, dit Beauchamp.

— Justement, répondit Morcerf.

— Ah çà ! mais c'est donc l'Arioste que cet homme !

— Non, c'est tout simplement le comte de Monte-Christo.

— On ne s'appelle pas le comte de Monte-Christo, dit Debray.

— Je ne crois pas, ajouta Château-Renaud avec le sang-froid d'un homme qui connaît sur le bout du doigt son nobiliaire européen ; qui est-ce qui connaît quelque part un comte de Monte-Christo ?

— Il vient peut-être de Terre-Sainte, dit Beauchamp ; un de ses aïeux aura possédé le Calvaire, comme les Mortemart la mer Morte.

— Pardon, dit Maximilien, mais je crois que je vais vous tirer d'embarras, messieurs : Monte-Christo est une petite île dont j'ai souvent entendu parler aux marins qu'employait mon père ; un grain de sable au milieu de la Méditerranée, un atome dans l'infini.

— C'est parfaitement cela, monsieur, dit Albert. Eh bien ! de ce grain de sable, de cet atome, est seigneur et roi celui dont je vous parle; il aura acheté ce brevet de comte quelque part en Toscane.

— Il est donc riche, votre comte?

— Ma foi ! je le crois.

— Mais cela doit se voir, ce me semble?

— Voilà ce qui vous trompe, Debray.

— Je ne vous comprends plus.

— Avez-vous lu les *Mille et une Nuits?*

— Parbleu! belle question!

— Eh bien, savez-vous donc si les gens qu'on y voit sont riches ou pauvres? si leurs grains de blé ne sont pas des rubis ou des diamants? Ils ont l'air de misérables pêcheurs, n'est-ce pas? vous les traitez comme tels, et tout à coup ils vous ouvrent quelque caverne mystérieuse, où vous trouvez un trésor à acheter l'Inde.

— Après?

— Après, mon comte de Monte-Christo est un de ces pêcheurs-là. Il a même un nom tiré de la chose, il s'appelle Simbad le

Marin et possède une caverne pleine d'or.

— Et vous avez vu cette caverne, Morcerf? demanda Beauchamp.

— Non pas moi, mais Franz. Chut! il ne faut pas dire un mot de cela devant lui. Franz y est descendu les yeux bandés, et il a été servi par des muets et par des femmes, près desquelles, à ce qu'il paraît, Cléopâtre n'est qu'une lorette. Seulement, des femmes, il n'en est pas bien sûr, vu qu'elles ne sont entrées qu'après qu'il eut mangé du hatchis; de sorte qu'il se pourrait bien que ce qu'il a pris pour des femmes fût tout bonnement un quadrille de statues.

Les deux jeunes gens regardèrent Morcerf d'un œil qui voulait dire:

— Ah çà! mon cher, devenez-vous insensé, ou vous moquez-vous de nous?

— En effet, dit Morrel pensif, j'ai entendu raconter encore par un vieux marin, nommé Peneton, quelque chose de pareil à ce que dit là monsieur de Morcerf.

— Ah! fit Albert, c'est bien heureux que monsieur Morrel me vienne en aide. Cela vous contrarie, n'est-ce pas, qu'il jette ainsi un peloton de fil dans mon labyrinthe?

— Pardon, cher ami, dit Debray, c'est que vous nous racontez des choses si invraisemblables...

— Ah! parbleu, parce que vos ambassadeurs, vos consuls ne vous en parlent pas ! ils n'ont pas le temps ; il faut bien qu'ils molestent leurs compatriotes qui voyagent.

— Ah ! bon, voilà que vous vous fâchez, et que vous tombez sur nos pauvres agents. Eh ! mon Dieu ! avec quoi voulez-vous qu'ils vous protégent ? La Chambre leur rogne tous les jours leurs appointemens ; c'est au point qu'on n'en trouve plus. Voulez-vous être ambassadeur, Albert ? je vous fais nommer à Constantinople.

— Non pas ! pour que le sultan, à la première démonstration que je ferai en faveur de Méhémet-Ali, m'envoie le cordon et que mes secrétaires m'étranglent.

— Vous voyez bien ! dit Debray.

— Oui, mais tout cela n'empêche pas mon comte de Monte-Christo d'exister !

— Pardieu ! tout le monde existe, le beau miracle !

— Tout le monde existe, sans doute, mais pas dans des conditions pareilles. Tout le monde n'a pas des esclaves noirs, des galeries princières, des armes comme à la Casauba, des chevaux de six mille francs pièce, des maîtresses grecques !

— L'avez-vous vue, la maîtresse grecque ?

— Oui, je l'ai vue et entendue. Vue au théâtre, et entendue un jour que j'ai déjeuné chez le comte.

—Il mange donc, votre homme extraordinaire ?

— Ma foi, s'il mange, c'est si peu, que ce n'est point la peine d'en parler.

— Vous verrez que c'est un vampire.

— Riez, si vous voulez. C'était l'opinion de la comtesse G..., qui, comme vous le savez, a connu lord Ruthwen.

— Ah ! joli ! dit Beauchamp, voilà pour un homme non-journaliste le pendant du fameux serpent de mer du *Constitutionnel*: un vampire, c'est parfait !

— OEil fauve dont la prunelle diminue et se dilate à volonté, dit Debray ; angle facial développé, front magnifique, teint livide, barbe noire, dents blanches et aiguës, politesse toute pareille.

— Eh bien, c'est justement cela, Lucien, dit Morcerf, et le signalement est tracé trait pour trait. Oui, politesse aiguë et incisive. Cet homme m'a souvent donné le frisson, et un jour entre autres que nous regardions ensemble une exécution, j'ai cru que j'allais me trouver mal bien plus de le voir et de l'entendre causer froidement sur tous les supplices de la terre, que de voir le bourreau remplir son office, et que d'entendre les cris du patient.

— Ne vous a-t-il pas conduit un peu dans les ruines du Colisée pour vous sucer le sang, Morcerf? demanda Beauchamp.

— Où après vous avoir délivré, ne vous a-t-il pas fait signer quelque parchemin couleur de feu, par lequel vous lui cédiez votre âme, comme Esaü son droit d'aînesse?

— Raillez! raillez tant que vous voudrez, messieurs! dit Morcerf un peu piqué. Quand je vous regarde, vous autres beaux Parisiens, habitués du boulevard de Gand, promeneurs du bois de Boulogne, et que je me rappelle cet homme, eh bien! il me semble que nous ne sommes pas de la même espèce.

— Je m'en flatte! dit Beauchamp.

— Toujours est-il, ajouta Château-Renaud, que votre comte de Monte-Christo est un galant homme dans ses moments perdus, sauf toutefois ses petits arrangements avec les bandits italiens.

— Eh! il n'y a pas de bandits italiens! dit Debray.

— Pas de vampire! ajouta Beauchamp.

— Pas de comte de Monte-Christo, reprit Debray. Tenez, cher Albert, voilà dix heures et demie qui sonnent.

— Avouez que vous avez eu le cauchemar et allons déjeuner, dit Beauchamp.

Mais la vibration de la pendule ne s'était pas encore éteinte, lorsque la porte s'ouvrit, et que Germain annonça :

— Son Excellence le comte de Monte-Christo!

Tous les auditeurs firent malgré eux un bond qui dénotait la préoccupation que le récit de Morcerf avait infiltrée dans leurs âmes. Albert lui-même ne put se défendre d'une émotion soudaine. On n'avait entendu ni voiture dans la rue, ni pas dans l'antichambre ; la porte elle-même s'était ouverte sans bruit.

Le comte parut sur le seuil, vêtu avec la plus grande simplicité ; mais le *lion* le plus exigeant n'eût rien trouvé à reprendre à sa toilette. Tout était d'un goût exquis, tout sortait des mains des plus élégants fournisseurs, habits, chapeau et linge.

Il paraissait âgé de trente-cinq ans à peine ; et ce qui frappa tout le monde, ce fut son extrême ressemblance avec le portrait qu'avait tracé de lui Debray.

Le comte s'avança en souriant au milieu du salon et vint droit à Albert, qui, marchant au-devant de lui, lui offrit la main avec empressement.

— L'exactitude, dit Monte-Christo, est la politesse des rois, à ce qu'a prétendu, je crois, un de vos souverains. Mais, quelle que soit leur bonne volonté, elle n'est pas toujours celle des voyageurs. Cependant j'espère, mon cher vicomte, que vous excuserez, en faveur de ma bonne volonté, les deux ou trois secondes de retard que je crois avoir mises à paraître au rendez-vous. Cinq cents lieues ne se font pas sans quelque contrariété; surtout en France, où il est défendu, à ce qu'il paraît, de battre les postillons.

— Monsieur le comte, répondit Albert, j'étais en train d'annoncer votre visite à quelques-uns de mes amis que j'ai réunis à l'occasion de la promesse que vous aviez bien voulu me faire, et que j'ai l'honneur de vous présenter. Ce sont MM. le comte de Château-Renaud, dont la noblesse remonte aux douze pairs, et dont les ancêtres ont eu leur place à la Table-Ronde; M. Lucien Debray, secrétaire particulier du ministre de l'intérieur; M. Beauchamp, terrible journaliste, l'effroi du gouvernement français, mais dont peut-être, malgré sa célébrité nationale, vous n'avez jamais entendu parler en Italie, attendu que son journal n'y entre pas;

enfin M. Maximilien Morrel, capitaine de spahis.

A ce nom, le comte, qui avait jusque-là salué courtoisement mais avec une froideur et une impassibilité tout anglaise, fit malgré lui un pas en avant, et un léger ton de vermillon passa comme l'éclair sur ses joues pâles.

— Monsieur porte l'uniforme des nouveaux vainqueurs français? dit-il; c'est un bel uniforme.

On n'eût pas pu dire quel était le sentiment qui donnait à la voix du comte une si profonde vibration, et qui faisait briller, comme malgré lui, son œil si beau, si calme et si limpide quand il n'avait point un motif quelconque pour le voiler.

— Vous n'aviez jamais vu nos Africains, monsieur? dit Albert.

— Jamais, répliqua le comte redevenu parfaitement maître de lui.

— Eh bien! monsieur, sous cet uniforme bat un des cœurs les plus braves et les plus nobles de l'armée.

— Oh, monsieur le comte! interrompit Morrel.

— Laissez-moi dire, capitaine... Et nous venons, continua Albert, d'apprendre de monsieur un trait si héroïque, que, quoique je l'aie vu aujourd'hui pour la première fois, je réclame de lui la faveur de vous le présenter comme mon ami.

Et l'on put encore, à ces paroles, remarquer chez Monte-Christo ce regard étrange de fixité, cette rougeur fugitive et ce léger tremblement de la paupière qui chez lui décelaient l'émotion.

— Ah! monsieur est un noble cœur, dit le comte, tant mieux!

Cette espèce d'exclamation, qui répondait à la propre pensée du comte plutôt qu'à ce que venait de dire Albert, surprit tout le monde et surtout Morrel, qui regarda Monte-Christo avec étonnement. Mais en même temps l'intonation était si douce et, pour ainsi dire, si suave, que, quelque étrange que fût cette exclamation, il n'y avait pas moyen de s'en fâcher.

— Pourquoi en douterait-il donc? dit Beauchamp à Château-Renaud.

— En vérité, répondit celui-ci, qui, avec son habitude du monde et la netteté de son coup d'œil aristocratique, avait pénétré de Monte-Christo tout ce qui était pénétrable en lui, en vérité Albert ne nous a point trompés, et c'est un singulier personnage que le comte; qu'en dites-vous, Morrel?

— Ma foi, dit celui-ci, il a l'œil franc et la voix sympathique, de sorte qu'il me plaît malgré la réflexion bizarre qu'il vient de faire à mon endroit.

— Messieurs, dit Albert, Germain m'annonce que vous êtes servis. Mon cher comte, permettez-moi de vous montrer le chemin.

On passa silencieusement dans la salle à manger. Chacun prit sa place.

— Messieurs, dit le comte en s'asseyant, permettez-moi un aveu qui sera mon excuse pour toutes les inconvenances que je pourrais faire : je suis étranger, mais étranger à tel point que c'est la première fois que je viens à Paris. La vie française m'est donc parfaitement inconnue et je n'ai guère jusqu'à présent pratiqué que la vie orientale, la plus antipathique aux bonnes traditions parisiennes. Je vous prie donc de m'excuser si vous trouvez en moi quelque chose de trop turc, de trop napolitain ou de trop arabe. Cela dit, messieurs, déjeunons.

— Comme il dit tout cela ! murmura Beauchamp ; c'est décidement un grand seigneur.

— Un grand seigneur étranger, ajouta Debray.

— Un grand seigneur de tous les pays, monsieur Debray, dit Château-Renaud.

CHAPITRE V.

LE DÉJEUNER (suite).

Le comte, on se le rappelle, était un sobre convive. Albert en fit la remarque en témoignant la crainte que dès son commencement la vie parisienne ne déplût au voyageur par son côté le plus matériel, mais en même temps le plus nécessaire.

—Mon cher comte, dit-il, vous me voyez atteint d'une crainte, c'est que la cuisine de la rue du Helder ne vous plaise pas autant que celle de la place d'Espagne. J'aurais dû vous demander votre goût et vous faire préparer quelques plats à votre fantaisie.

—Si vous me connaissiez davantage, monsieur, répondit en souriant le comte, vous ne vous préoccuperiez pas d'un soin presque humiliant pour un voyageur comme moi, qui a successivement vécu avec du macaroni à Naples, de la polenta à Milan, de l'olla podrida à Valence, du pilau à Constantinople, du karrick dans l'Inde, et des nids d'hirondelles dans la

Chine. Il n'y a pas de cuisine pour un cosmopolite comme moi. Je mange de tout et partout, seulement je mange peu ; et aujourd'hui que vous me reprochez ma sobriété, je suis dans mon jour d'appétit, car depuis hier matin je n'ai point mangé.

— Comment, depuis hier matin ! s'écrièrent les convives ; vous n'avez point mangé depuis vingt-quatre heures ?

— Non, répondit Monte-Christo ; j'avais été obligé de m'écarter de ma route et de prendre des renseignements aux environs de Nîmes, de sorte que j'étais un peu en retard : je n'ai pas voulu m'arrêter.

— Et vous avez mangé dans votre voiture ? demanda Morcerf.

— Non, j'ai dormi ; comme cela m'arrive quand je m'ennuie sans avoir le courage de me distraire, ou quand j'ai faim sans avoir envie de manger.

— Mais vous commandez donc au sommeil, monsieur ? demanda Morrel.

— A peu près.

— Vous avez une recette pour cela ?

— Infaillible.

— Voilà qui serait excellent pour nous autres Africains, qui n'avons pas toujours de quoi manger et qui avons rarement de quoi boire, dit Morrel.

— Oui, dit Monte-Christo ; malheureusement ma recette, excellente pour un homme comme moi, qui mène une vie tout exceptionnelle, serait fort dangereuse appliquée à une armée, qui ne se réveillerait plus quand on aurait besoin d'elle.

— Et peut-on savoir quelle est cette recette? demanda Debray.

— Oh! mon Dieu, oui, dit Monte-Christo, je n'en fais pas de secret: c'est un mélange d'excellent opium que j'ai été chercher moi-même à Canton, pour être certain de l'avoir pur, et du meilleur hatchis qui se récolte en Orient, c'est-à-dire entre le Tigre et l'Euphrate; on réunit ces deux ingrédients en portions égales, et on en fait des espèces de pilules qui s'avalent au moment où l'on en a besoin. Dix minutes après l'effet est produit. Demandez à M. le baron Franz d'Épinay, je crois qu'il en a goûté un jour.

— Oui, répondit Morcerf, il m'en a dit quelques mots, et il en a gardé même un fort agréable souvenir.

— Mais, dit Beauchamp, qui en sa qualité de journaliste était fort incrédule, vous portez donc toujours cette drogue sur vous?

— Toujours, répondit Monte-Christo.

— Serait-ce indiscret de vous demander à voir ces précieuses pilules? continua Beauchamp espérant prendre l'étranger en défaut.

— Non, monsieur, répondit le comte; et il tira de sa poche une merveilleuse bonbonnière creusée dans une seule émeraude, et fermée par un écrou d'or qui, en se dévissant, donnait passage à une petite boule de couleur verdâtre et de la grosseur d'un pois. Cette boule avait une odeur âcre et pénétrante; il y en avait quatre ou cinq pareilles dans l'émeraude, et elle pouvait en contenir une douzaine.

La bonbonnière fit le tour de la table, mais c'était bien plus pour examiner cette admirable émeraude que pour voir ou pour flairer les pilules que les convives se la faisaient passer.

— Et c'est votre cuisinier qui vous prépare ce régal? demanda Beauchamp.

—Non pas, monsieur, dit Monte-Christo, je ne livre pas comme cela mes jouissances réelles à la merci de mains indignes. Je suis assez bon chimiste, et je prépare mes pilules moi-même.

— Voilà une admirable émeraude et la plus grosse que j'aie jamais vue, quoique ma mère ait quelques bijoux de famille assez remarquables, dit Château-Renaud.

— J'en avais trois pareilles, reprit Monte-Christo; j'ai donné l'une au grand-seigneur, qui l'a fait monter sur son sabre; l'autre à notre saint-père le pape, qui l'a fait incruster sur sa tiare en face d'une émeraude à peu près pareille, mais moins belle cependant, qui avait été donnée à son prédécesseur, Pie VII, par l'empereur Napoléon; j'ai gardé la troisième pour moi, et je l'ai fait creuser, ce qui lui a ôté la moitié de sa valeur, mais ce qui l'a rendue plus commode pour l'usage que j'en voulais faire.

Chacun regardait Monte-Christo avec étonnement ; il parlait avec tant de simplicité qu'il était évident qu'il disait la vérité ou qu'il était fou, cependant l'émeraude qui était restée entre ses mains faisait que l'on penchait naturellement vers la première supposition.

— Et que vous ont donné ces deux souverains en échange de ce magnifique cadeau ? demanda Debray.

— Le grand-seigneur, la liberté d'une femme, répondit le comte ; notre saint-père le pape, la vie d'un homme. De sorte qu'une fois dans mon existence j'ai été aussi puissant que si Dieu m'eût fait naître sur les marches d'un trône.

— Et c'est Peppino que vous avez délivré, n'est-ce pas, s'écria Morcerf, c'est à lui que vous avez fait l'application de votre droit de grâce?

— Peut-être, dit Monte-Christo en souriant.

— Monsieur le comte, vous ne vous faites pas l'idée du plaisir que j'éprouve à vous entendre parler ainsi! dit Morcerf. Je vous avais annoncé d'avance à mes amis comme un homme fabuleux, comme un enchanteur des *Mille et une Nuits,* comme un sorcier du moyen âge; mais les Parisiens sont gens tellement subtils en paradoxes, qu'ils prennent pour des caprices de l'imagination les vérités les plus incontestables ; quand ces vérités ne rentrent pas dans toutes les conditions de leur existence quotidienne. Par exemple, voici Debray qui lit et Beauchamp qui imprime tous les jours qu'on a arrêté et qu'on a dévalisé sur le boulevard un membre du Jockey-Club attardé ; qu'on a assassiné quatre personnes rue Saint-Denis ou faubourg Saint-Germain ; qu'on a arrêté dix, quinze, vingt voleurs, soit dans un café du boulevard du Temple, soit dans les Thermes de Julien, et qui contestent l'existence des bandits des Maremmes, de la Campagne de Rome ou des marais Pontins. Dites-leur donc vous même, je vous en prie, monsieur le comte, que j'ai été pris par ces bandits, et que, sans votre généreuse intercession, j'attendrais, selon toute probabilité, aujourd'hui la résurrection éternelle dans les catacombes de Saint-Sébastien, au lieu de leur donner à dîner dans mon indigne petite maison de la rue du Helder.

— Bah ! dit Monte-Christo, vous m'aviez promis de ne jamais me parler de cette misère.

— Ce n'est pas moi, monsieur le comte, s'écria Morcerf, c'est quelque autre à qui vous aurez rendu le même service qu'à moi et que vous aurez confondu avec moi. Parlons-en, au contraire, je vous en prie; car, si vous vous décidez à parler de cette circonstance, peut-être non-seulement me redirez-vous un peu de ce que je sais, mais encore beaucoup de ce que je ne sais pas.

— Mais il me semble, dit en souriant le comte, que vous avez joué dans toute cette affaire un rôle assez important pour savoir aussi bien que moi ce qui s'est passé.

— Voulez-vous me promettre, si je dis tout ce que je sais, dit Morcerf, de dire à votre tour tout ce que je ne sais pas?

— C'est trop juste, répondit Monte-Christo.

— Eh bien, reprit Morcerf, dût mon amour-propre en souffrir, je me suis cru pendant trois jours l'objet des agaceries d'un masque que je prenais pour quelque descendante des Tullie ou des Poppée, tandis que j'étais tout purement et tout simplement l'objet des agaceries d'une contadine; et remarquez que je dis contadine pour ne pas dire paysanne. Ce que je sais, c'est que, comme un niais, plus niais encore que celui dont je parlais tout à l'heure, j'ai pris pour cette paysanne un jeune bandit de quinze à seize ans, au menton imberbe, à la taille fine, qui, au moment où je voulais m'émanciper jusqu'à déposer un baiser sur sa chaste épaule, m'a mis le pistolet sous la gorge, et, avec l'aide de sept ou huit de ses compagnons, m'a conduit ou plutôt traîné au fond des catacombes de Saint-Sébastien, où j'ai trouvé un chef de bandits fort lettré, ma foi, lequel lisait les Commentaires de César, et qui a daigné interrompre sa lecture pour me dire que si le lendemain à six heures du matin je n'avais pas versé quatre mille écus dans sa caisse, le lendemain à six heures et un quart j'aurais parfaitement cessé d'exister. La lettre existe, elle est entre les mains de Franz, signée de moi, avec un post-scriptum de maître Luigi Vampa. Si vous en doutez j'écris à Franz, qui fera légaliser les signatures. Voilà ce que je sais. Maintenant ce que je ne sais pas, c'est comment vous êtes parvenu, monsieur le comte, à frapper d'un si grand respect les bandits de Rome qui respectent si peu de choses. Je vous avoue que Franz et moi nous en fûmes ravis d'admiration.

— Rien de plus simple, monsieur, répondit le comte, je connaissais le fameux Vampa depuis plus de dix ans. Tout jeune et quand il était encore berger, un jour que je lui donnai je ne sais plus quelle monnaie d'or parce qu'il m'avait montré mon chemin, il me donna, lui, pour ne rien avoir à moi, un poignard sculpté par lui et que vous avez dû voir dans ma collection d'armes. Plus tard, soit qu'il eût oublié cet échange de petits cadeaux qui eût dû entretenir l'amitié entre nous, soit qu'il ne m'eût pas reconnu, il tenta de m'arrêter; mais ce fut moi tout au contraire qui le pris avec une douzaine de ses gens. Je pouvais le livrer à la justice romaine, qui est expéditive, et qui se serait encore hâtée en sa faveur; mais je n'en fis rien. Je le renvoyai, lui et les siens.

— A la condition qu'ils ne pécheraient plus, dit le journaliste en riant. Je vois avec plaisir qu'ils ont scrupuleusement tenu leur parole.

— Non, monsieur, répondit Monte-

Christo, à la simple condition qu'ils me respecteraient toujours, moi et les miens. Peut-être ce que je vais vous dire vous paraîtra-t-il étrange, à vous messieurs les socialistes, les progressifs, les humanitaires; mais je ne m'occupe jamais de mon prochain, mais je n'essaie jamais de protéger la société qui ne me protége pas, et, je dirai même plus, qui généralement ne s'occupe de moi que pour me nuire, et, en les supprimant dans mon estime et en gardant la neutralité vis-à-vis d'eux, c'est encore la société et mon prochain qui me doivent du retour.

— A la bonne heure! s'écria Château-Renaud, voilà le premier homme courageux que j'entende prêcher loyalement et brutalement l'égoïsme : c'est très-beau, cela ! bravo, monsieur le comte !

— C'est franc du moins, dit Morrel ; mais je suis sûr que M. le comte ne s'est pas repenti d'avoir manqué une fois aux principes qu'il vient cependant de nous exposer d'une façon si absolue.

— Comment ai-je manqué à ces principes, monsieur ? demanda Monte-Christo, qui de temps en temps ne pouvait s'empêcher de regarder Maximilien avec tant d'attention que deux ou trois fois déjà le hardi jeune homme avait baissé les yeux devant le regard clair et limpide du comte.

— Mais il me semble, reprit Morrel, qu'en délivrant M. de Morcerf, que vous ne connaissiez pas, vous serviez votre prochain et la société.

— Dont il fait le plus bel ornement, dit gravement Beauchamp en vidant d'un seul trait un verre de vin de Champagne.

— Monsieur le comte, s'écria Morcerf, vous voilà pris par le raisonnement, vous, c'est-à-dire un des plus rudes logiciens que je connaisse; et vous allez voir qu'il va vous être clairement démontré tout à l'heure que, loin d'être un égoïste, vous êtes au contraire un philanthrope. Ah! monsieur le comte, vous vous dites Oriental, Levantin, Malais, Indien, Chinois, sauvage, vous vous appelez Monte-Christo de votre nom de famille, Simbad le Marin de votre nom de baptême, et voilà que du jour où vous mettez le pied à Paris vous possédez d'instinct le plus grand mérite ou le plus grand défaut de nos excentriques Parisiens, c'est-à-dire que vous usurpez les vices que vous n'avez pas et que vous cachez les vertus que vous avez!

— Mon cher vicomte, dit Monte-Christo, je ne vois pas dans tout ce que j'ai dit ou fait un seul mot qui me vaille de votre part et de celle de ces messieurs le prétendu éloge que je viens de recevoir. Vous n'étiez pas un étranger pour moi, puisque je vous connaissais, puisque je vous avais cédé deux chambres, puisque je vous avais donné à déjeuner, puisque je vous avais prêté une de mes voitures, puisque nous avions vu passer les masques ensemble dans la rue du Cours, et puisque nous avions regardé d'une fenêtre de la place del Popolo cette exécution qui vous a si fort impressionné que vous avez failli vous trouver mal. Or, je le demande à tous ces messieurs, pouvais-je laisser mon hôte entre les mains de ces affreux bandits, comme vous les appelez? D'ailleurs, vous le savez, j'avais, en vous sauvant, une arrière-pensée qui était de me servir de vous pour m'introduire dans les salons de Paris quand je viendrais visiter la France. Quelque temps vous avez pu considérer cette résolution comme un projet vague et fugitif; mais aujourd'hui, vous le voyez, c'est une belle et bonne réalité, à laquelle il faut vous soumettre sous peine de manquer à votre parole.

— Et je la tiendrai, dit Morcerf; mais

je crains bien que vous ne soyez fort désenchanté, mon cher comte, vous, habitué aux sites accidentés, aux événements pittoresques, aux fantastiques horizons. Chez nous, pas le moindre épisode du genre de ceux auxquels votre vie aventureuse vous a habitué. Notre Cimborazzo, c'est Montmartre; notre Hymalaya, c'est le Mont-Valérien; notre Grand-Désert, c'est la plaine de Grenelle, encore y perce-t-on un puits artésien pour que les caravanes y trouvent de l'eau. Nous avons des voleurs, beaucoup même, quoique nous n'en ayons pas autant qu'on le dit, mais ces voleurs redoutent infiniment davantage le plus petit mouchard que le plus grand seigneur; enfin la France est un pays si prosaïque, et Paris une ville si fort civilisée, que vous ne trouverez pas, en cherchant dans nos quatre-vingt-cinq départements, je dis quatre-vingt-cinq départements, car bien entendu j'excepte la Corse de la France, que vous ne trouverez pas dans nos quatre-vingt-cinq départements la moindre montagne sur laquelle il n'y ait un télégraphe, et la moindre grotte un peu noire dans laquelle un commissaire de police n'ait fait poser un bec de gaz. Il n'y a donc qu'un seul service que je puisse vous rendre, mon cher comte, et pour celui-là je me mets à votre disposition : vous présenter partout, ou vous faire présenter par mes amis, cela va sans dire. D'ailleurs, vous n'avez besoin de personne pour cela : avec votre nom, votre fortune et votre esprit (Monte-Christo s'inclina avec un sourire légèrement ironique), on se présente partout soi-même et l'on est bien reçu partout. Je ne peux donc en réalité vous être bon qu'à une chose : si quelque habitude de la vie parisienne, quelque expérience du confortable, quelque connaissance de nos bazars peuvent me recommander à vous, je me mets à votre disposition pour vous trouver une maison convenable. Je n'ose vous proposer de partager mon logement comme j'ai partagé le vôtre à Rome, moi qui ne professe pas l'égoïsme mais qui suis égoïste par excellence ; car chez moi, excepté moi, il ne tiendrait pas une ombre, à moins que cette ombre ne fût celle d'une femme.

— Ah ! fit le comte, voici une réserve toute conjugale. Vous m'avez, en effet, monsieur, dit à Rome quelques mots d'un mariage ébauché; dois-je vous féliciter sur votre prochain bonheur?

— La chose est toujours à l'état de projet, monsieur le comte.

— Et qui dit projet, reprit Debray, veut dire éventualité.

— Non pas! non pas! dit Morcerf; mon père y tient, et j'espère bien, avant peu, vous présenter, sinon ma femme, du moins ma future : mademoiselle Eugénie Danglars.

— Eugénie Danglars ! reprit Monte-Christo, attendez donc; son père n'est-il pas M. le comte Danglars?

— Oui, répondit Morcerf; mais comte de nouvelle création.

— Oh! qu'importe! répondit Monte-Christo, s'il a rendu à l'État des services qui lui aient mérité cette distinction.

— D'énormes, dit Beauchamp. Il a, quoique libéral dans l'âme, complété en 1829 un emprunt de six millions pour le roi Charles X, qui l'a, ma foi, fait comte et chevalier de la Légion-d'Honneur, de sorte qu'il porte le ruban, non pas à la poche de son gilet, comme on pourrait le croire, mais bel et bien à la boutonnière de son habit.

— Ah! dit Morcerf en riant, Beauchamp, Beauchamp, gardez cela pour le *Corsaire* et le *Charivari;* mais devant moi épargnez mon futur beau-père.

Puis se retournant vers Monte-Christo :

— Mais vous avez tout à l'heure prononcé son nom comme quelqu'un qui connaîtrait le comte ? dit-il.

— Je ne le connais pas, dit négligemment Monte-Christo, mais je ne tarderai pas probablement à faire sa connaissance, attendu que j'ai un crédit ouvert sur lui par la maison Richard et Blount de Londres, Arstein et Eskeles de Vienne, et Thompson et French de Rome.

Et, en prononçant ces deux derniers noms, Monte-Christo regarda du coin de l'œil Maximilien Morrel.

Si l'étranger s'était attendu à produire de l'effet sur Maximilien Morrel, il ne s'était pas trompé. Maximilien tressaillit comme s'il eût reçu une commotion électrique.

— Thompson et French, dit-il, connaissez-vous cette maison, monsieur?

— Ce sont mes banquiers dans la capitale du monde chrétien, répondit tranquillement le comte; puis-je vous être bon à quelque chose auprès d'eux?

— Oh! monsieur le comte, vous pourriez nous aider peut-être dans des recherches jusqu'à présent infructueuses; cette maison a autrefois rendu un grand service à la nôtre, et a toujours, je ne sais pourquoi, nié nous avoir rendu ce service.

— A vos ordres, monsieur, répondit Monte-Christo en s'inclinant.

— Mais, dit Morcerf, nous nous sommes singulièrement écartés, à propos de M. Danglars, du sujet de notre conversation. Il était question de trouver une habitation convenable au comte de Monte-Christo: Voyons, messieurs, cotisons-nous pour avoir une idée: où logerons-nous cet hôte nouveau du grand Paris?

— Faubourg Saint-Germain, dit Château-Renaud; monsieur trouvera là un charmant petit hôtel entre cour et jardin.

— Bah! Château-Renaud, dit Debray, vous ne connaissez que votre triste et maussade faubourg Saint-Germain; ne l'écoutez pas, monsieur le comte, logez-vous Chaussée-d'Antin: c'est le véritable centre de Paris.

— Boulevard de l'Opéra, dit Beauchamp; au premier, une maison à balcon. Monsieur le comte y fera apporter des coussins de drap d'argent, et verra, en fumant sa chibouque, ou en avalant ses pilules, toute la capitale défiler sous ses yeux.

— Vous n'avez donc pas d'idées, vous, Morrel, dit Château-Renaud, que vous ne proposez rien ?

— Si fait, dit en souriant le jeune homme; au contraire, j'en ai une, mais j'attendais que monsieur se laissât tenter par quelqu'une des offres si brillantes qu'on vient de lui faire. Maintenant, comme il n'a pas répondu, je crois pouvoir lui offrir un appartement dans un petit hôtel tout charmant, tout Pompadour, que ma sœur vient de louer depuis un ans dans la rue Meslay.

— Vous avez une sœur? demanda Monte-Christo.

— Oui, monsieur, et une excellente sœur.

— Mariée?

— Depuis bientôt neuf ans.

— Heureuse? demanda de nouveau le comte.

— Aussi heureuse qu'il est permis à une créature humaine de l'être, répondit Maximilien; elle a épousé l'homme qu'elle aimait, celui qui nous est resté fidèle dans notre mauvaise fortune : Emmanuel Herbaut.

Monte-Christo sourit imperceptiblement.

— J'habite là pendant mon semestre, continua Maximilien, et je serai avec mon beau-frère Emmanuel à la disposition de M. le comte pour tous les renseignements dont il aura besoin.

— Un moment, s'écria Albert avant que Monte-Christo eût eu le temps de répondre, prenez garde à ce que vous faites, monsieur Morrel, vous allez claquemurer un voyageur, Simbad le Marin, dans la vie de famille; un homme qui est venu pour voir Paris, vous allez en faire un patriarche.

— Oh! que non pas, répondit Morrel

en souriant ; ma sœur a vingt-cinq ans, mon beau-frère en a trente, ils sont jeunes, gais et heureux, d'ailleurs M. le comte sera chez lui, et il ne rencontrera ses hôtes qu'autant qu'il lui plaira de descendre chez eux.

— Merci, monsieur, merci, dit Monte-Christo, je me contenterai d'être présenté par vous à votre sœur et à votre beau-frère, si vous voulez bien me faire cet honneur ; mais je n'ai accepté l'offre d'aucun de ces messieurs, attendu que j'ai déjà mon habitation toute prête.

— Comment ! s'écria Morcerf, vous allez donc descendre à l'hôtel ? Ce sera fort maussade pour vous, cela !

—Étais-je donc si mal à Rome? demanda Monte-Christo.

—Parbleu! à Rome, dit Morcerf, vous aviez dépensé cinquante mille piastres pour vous faire meubler un appartement, mais je présume que vous n'êtes pas disposé à renouveler tous les jours une pareille dépense.

—Ce n'est pas cela qui m'a arrêté, répondit Monte-Christo ; mais j'étais résolu d'avoir une maison à Paris, une maison à moi, j'entends. J'ai envoyé d'avance mon valet de chambre et il a déjà dû acheter cette maison et me la faire meubler.

—Mais dites-nous donc que vous avez un valet de chambre qui connaît Paris, s'écria Beauchamp.

— C'est la première fois comme moi qu'il vient en France, monsieur, il est noir et ne parle pas, dit Monte-Christo.

— Alors c'est Ali? demanda Albert au milieu de la surprise générale.

— Oui, monsieur, c'est Ali lui-même, mon Nubien, mon muet, que vous avez vu à Rome, je crois.

— Oui, certainement, répondit Morcerf, je me le rappelle à merveille.

— Mais comment avez-vous chargé un Nubien de vous acheter une maison à Paris, et un muet de vous la faire meubler? Il aura fait toutes choses de travers, le pauvre malheureux.

— Détrompez-vous, monsieur; je suis certain, au contraire, qu'il aura choisi toutes choses selon mon goût; car, vous le savez, mon goût n'est pas celui de tout le monde. Il est arrivé il y a huit jours; il aura couru toute la ville avec cet instinct que pourrait avoir un bon chien chassant tout seul; il connaît mes caprices, mes fantaisies, mes besoins : il aura tout organisé à ma guise. Il savait que j'arriverais aujourd'hui à dix heures; depuis neuf heures il m'attendait à la barrière de Fontainebleau. Il m'a remis ce papier; c'est ma nouvelle adresse : tenez, lisez. Et Monte-Christo passa un papier à Albert.

— Champs-Élysées, n° 30, lut Morcerf.

— Ah ! voilà qui est vraiment original !
ne put s'empêcher de dire Beauchamp.

— Et très-princier, ajouta Château-
Renaud.

— Comment ! vous ne connaissez pas
votre maison ? demanda Debray.

— Non, dit Monte-Christo. Je vous ai
déjà dit que je ne voulais pas manquer
l'heure. J'ai fait ma toilette dans ma voiture, et je suis descendu à la porte du
vicomte.

Les jeunes gens se regardèrent ; ils ne
savaient si c'était une comédie jouée par
Monte-Christo ; mais tout ce qui sortait de
la bouche de cet homme avait, malgré son
caractère original, un tel cachet de sim-

plicité, que l'on ne pouvait supposer qu'il dût mentir. D'ailleurs pourquoi aurait-il menti?

— Il faudra donc nous contenter, dit Beauchamp, de rendre à M. le comte tous les petits services qui seront en notre pouvoir. Moi, en ma qualité de journaliste, je lui ouvre tous les théâtres de Paris.

— Merci, monsieur, dit en souriant Monte-Christo; mon intendant a déjà reçu l'ordre de me louer une loge à chacun d'eux.

— Et votre intendant est-il aussi un Nubien, un muet? demanda Debray.

— Non, monsieur, c'est tout bonn -

ment un compatriote à vous, si tant est cependant qu'un Corse soit compatriote de quelqu'un ; mais vous le connaissez, monsieur de Morcerf.

— Serait-ce par hasard ce brave signor Bertuccio, qui s'entend si bien à louer les fenêtres?

— Justement, et vous l'avez vu chez moi le jour où j'ai eu l'honneur de vous recevoir à déjeuner. C'est un fort brave homme, qui a été un peu soldat, un peu contrebandier, un peu de tout ce qu'on peut être enfin. Je ne jurerais même pas qu'il n'a point eu quelque démêlé avec la police pour une misère, quelque chose comme un coup de couteau.

— Et vous avez choisi cet honnête citoyen du monde pour votre intendant, monsieur le comte? dit Debray; combien vous vole-t-il par an?

— Eh bien! parole d'honneur! dit le comte, pas plus qu'un autre, j'en suis sûr; mais il fait mon affaire, ne connaît pas d'impossibilité, et je le garde.

— Alors, dit Château-Renaud, vous voilà avec une maison montée, vous avez un hôtel aux Champs-Élysées, domestique, intendant, il ne vous manque plus qu'une maîtresse.

Albert sourit : il songeait à la belle Grecque qu'il avait vue dans la loge du comte au théâtre Valle et au théâtre Argentina.

— J'ai mieux que cela, dit Monte-Christo, j'ai une esclave; vous louez vos maîtresses au théâtre de l'Opéra, au théâtre du Vaudeville, au théâtre des Variétés, moi j'ai acheté la mienne à Constantinople; cela m'a coûté plus cher, mais sous ce rapport-là je n'ai plus besoin de m'inquiéter de rien.

— Mais vous oubliez, dit en riant Debray, que nous sommes, comme l'a dit le roi Charles, francs de nom, francs de nature; qu'en mettant le pied sur la terre de France, votre esclave est devenue libre?

— Qui le lui dira? demanda Monte-Christo.

— Mais, dame! le premier venu.

— Elle ne parle que le romaïque.

— Alors, c'est autre chose.

— Mais la verrons-nous, au moins? demanda Beauchamp, ou, ayant déjà un muet, avez-vous aussi des eunuques?

— Ma foi non, dit Monte-Christo, je ne pousse pas l'orientalisme jusque-là; tout ce qui m'entoure est libre de me quitter, et en me quittant n'aura plus besoin de moi ni de personne, voilà peut-être pourquoi on ne me quitte pas.

Depuis long-temps on était passé au dessert et aux cigares.

— Mon cher, dit Debray en se levant, il est deux heures et demie, votre convive est charmant, mais il n'y a si bonne compagnie qu'on ne quitte, et quelquefois même pour la mauvaise : il faut que je retourne à mon ministère. Je parlerai du comte au ministre, et il faudra bien que nous sachions qui il est.

— Prenez garde, dit Morcerf, les plus malins y ont renoncé.

— Bah! nous avons trois millions pour notre police; il est vrai qu'ils sont presque toujours dépensés à l'avance; mais n'importe, il restera toujours bien une cinquantaine de mille francs à mettre à cela.

— Et quand vous saurez qui il est, vous me le direz?

— Je vous le promets. Au revoir, Albert. Messieurs, votre très-humble.

— Et en sortant Debray cria très-haut dans l'antichambre :

— Faites avancer.

— Bon, dit Beauchamp à Albert, je n'irai pas à la Chambre, mais j'ai à offrir à mes lecteurs mieux qu'un discours de M. Danglars.

— De grâce, Beauchamp, dit Morcerf, pas un mot, je vous en supplie; ne m'ôtez pas le mérite de le présenter et de l'expliquer. N'est-ce pas qu'il est curieux ?

— Il est mieux que cela, répondit Château-Renaud, et c'est vraiment un des hommes des plus extraordinaires que j'aie vus de ma vie. Venez-vous, Morrel ?

— Le temps de donner ma carte à M. le

comte, qui veut bien me promettre de venir nous faire une petite visite, rue Meslay, n° 14.

— Soyez sûr que je n'y manquerai pas, monsieur, dit en s'inclinant le comte.

Et Maximilien Morrel sortit avec le baron de Château-Renaud, laissant Monte-Christo seul avec Morcerf.

CHAPITRE VI.

LA PRÉSENTATION.

Quand Albert se trouva en tête-à-tête avec Monte-Christo :

— Monsieur le comte, lui dit-il, permettez-moi de commencer avec vous mon métier de cicerone en vous donnant le spécimen d'un appartement de garçon. Habitué aux palais d'Italie, ce sera pour vous une étude à faire que de calculer dans combien de pieds carrés peut vivre un des jeunes gens de Paris qui ne passe pas pour être le plus mal logé. A mesure que nous passerons d'une chambre à l'autre, nous ouvrirons les fenêtres pour que vous respiriez.

Monte-Christo connaissait déjà la salle à manger et le salon du rez-de-chaussée. Albert le conduisit d'abord à son atelier; c'était, on se le rappelle, sa pièce de prédilection.

Monte-Christo était un digne appréciateur de toutes les choses qu'Albert avait entassées dans cette pièce : vieux bahuts,

porcelaines du Japon, étoffes d'Orient,
verroteries de Venise, armes de tous les
pays du monde, tout lui était familier, et
au premier coup d'œil il reconnaissait le
siècle, le pays et l'origine. Morcerf avait
cru être l'explicateur, et c'était lui au contraire qui faisait, sous la direction du
comte, un cours d'archéologie, de minéra-
logie et d'histoire naturelle. On descendit
au premier. Albert introduisit son hôte
dans le salon. Ce salon était tapissé des
œuvres des peintres modernes; il y avait
des paysages de Dupré, aux longs roseaux,
aux arbres élancés, aux vaches beuglan-
tes et aux ciels merveilleux; il y avait des
cavaliers arabes de Delacroix, aux longs
burnous blancs, aux ceintures brillantes,
aux armes damasquinées, dont les chevaux
se mordaient avec rage, tandis que les

hommes se déchiraient avec des masses de fer; des aquarelles de Boulanger, représentant tout *Notre-Dame de Paris* avec cette vigueur qui fait du peintre l'émule du poète; il y avait des toiles de Diaz, qui fait les fleurs plus belles que les fleurs, le soleil plus brillant que le soleil; des dessins de Decamps aussi colorés que ceux de Salvator Rosa, mais plus poétiques; des pastels de Giraud et de Müller, représentant des enfants aux têtes d'ange, des femmes aux traits de vierge; des croquis arrachés à l'album du voyage d'Orient de Dauzats, qui avaient été crayonnés en quelques secondes sur la selle d'un chameau ou sous le dôme d'une mosquée; enfin tout ce que l'art moderne peut donner en échange et en dédommagement de l'art perdu et envolé avec les siècles précédents.

Albert s'attendait à montrer cette fois du moins quelque chose de nouveau à l'étrange voyageur ; mais, à son grand étonnement, celui-ci, sans avoir besoin de chercher les signatures, dont quelques unes d'ailleurs n'étaient présentes que par des initiales, appliqua à l'instant même le nom de chaque auteur à son œuvre, de façon qu'il était facile de voir que non-seulement chacun de ces noms lui était connu, mais encore que chacun de ces talents avait été apprécié et étudié par lui.

Du salon on passa dans la chambre à coucher. C'était à la fois un modèle d'élégance et de goût sévère : là un seul portrait, mais signé Léopold Robert, resplendissait dans son cadre d'or mat.

Ce portrait attira tout d'abord les regards du comte de Monte-Christo, car il fit trois pas rapides dans la chambre et s'arrêta tout à coup devant lui.

C'était celui d'une jeune femme de vingt-cinq à vingt-six ans, au teint brun, au regard de feu, voilé sous une paupière languissante; elle portait le costume pittoresque des pêcheuses catalanes avec son corset rouge et noir et ses aiguilles d'or piquées dans les cheveux; elle regardait la mer, et sa silhouette élégante se détachait sur le double azur des flots et du ciel.

Il faisait sombre dans la chambre, sans quoi Albert eût pu voir la pâleur livide qui s'étendit sur les joues du comte, et surprendre le frisson nerveux qui effleura ses épaules et sa poitrine.

Il se fit un instant de silence, pendant lequel Monte-Christo demeura l'œil obstinément fixé sur cette peinture.

— Vous avez là une belle maîtresse vicomte, dit Monte-Christo d'une voix parfaitement calme ; et ce costume, costume de bal sans doute, lui sied vraiment à ravir.

— Ah! monsieur, dit Albert, voilà une méprise que je ne me pardonnerais pas, si à côté de ce portrait vous en eussiez vu quelque autre. Vous ne connaissez pas ma mère, monsieur ; c'est elle que vous voyez dans ce cadre ; elle se fit peindre ainsi, il y a six ou huit ans. Ce costume est un costume de fantaisie, à ce qu'il paraît, et la ressemblance est si grande, que je crois encore voir ma mère telle qu'elle était en 1830. La comtesse fit faire ce portrait pendant une absence du comte. Sans doute elle croyait lui préparer pour son retour une gracieuse surprise; mais, chose bizarre, ce portrait déplut à mon père; et la valeur de la peinture, qui est, comme vous le voyez, une des belles toiles de Léopold Robert, ne put le faire passer sur l'antipathie dans laquelle il l'avait prise. Il est vrai de dire entre nous, mon cher comte, que M. de Morcerf est un des pairs les plus assidus au Luxembourg, un général renommé pour la théorie, mais un amateur d'art des plus médiocres; il n'en est pas de même de ma mère, qui peint d'une façon remarquable, et qui, estimant trop une pareille œuvre pour s'en séparer tout à fait, me l'a donnée pour que chez moi elle fût moins exposée à déplaire à M. de Morcerf, dont je vous ferai voir à son tour le portrait peint par Gros. Pardonnez-moi si je vous parle ainsi ménage et famille; mais comme je vais avoir l'honneur de vous conduire chez le comte, je vous dis cela pour qu'il ne vous échappe pas de vanter ce portrait devant lui. Au reste, il a une funeste influence; car il est bien rare que ma mère vienne chez moi sans le regarder, et plus rare encore qu'elle le regarde sans pleurer. Le nuage qu'amena l'apparition de cette peinture dans l'hôtel est du reste le seul qui se soit élevé entre le comte et la comtesse, qui, quoique mariés depuis plus de vingt ans, sont encore unis comme au premier jour.

Monte-Christo jeta un regard rapide sur Albert, comme pour chercher une intention cachée à ses paroles; mais il était évident que le jeune homme les avait dites dans toute la simplicité de son âme.

— Maintenant, dit Albert, vous avez vu toutes mes richesses, monsieur le comte; permettez-moi de vous les offrir, si indignes qu'elles soient; regardez-vous comme étant ici chez vous, et, pour vous mettre plus à votre aise encore, veuillez m'accompagner jusque chez M. de Morcerf, à qui j'ai écrit de Rome le service que vous m'avez rendu, à qui j'ai annoncé la visite que vous m'aviez promise, et, je puis le dire, le comte et la comtesse attendaient avec impatience qu'il leur fût permis de vous remercier. Vous êtes un peu blasé sur toutes choses, je le sais, monsieur le comte, et les scènes de famille n'ont pas sur Simbad le Marin beaucoup d'action : vous avez vu tant d'autres scènes ! Cependant acceptez ce que je vous propose comme initiation à la vie parisienne, vie de politesses, de visites et de présentations.

Monte-Christo s'inclina sans répondre; il acceptait la proposition sans enthousiasme et sans regrets, comme une des convenances de société dont tout homme comme il faut se fait un devoir. Albert appela son valet de chambre, et lui ordonna d'aller prévenir M. et madame de Morcerf de l'arrivée prochaine du comte de Monte-Christo.

Albert le suivit avec le comte.

CHAPITRE VII.

LA PRÉSENTATION (suite).

En arrivant dans l'antichambre du comte, on voyait au-dessus de la porte qui donnait dans le salon un écusson qui, par son entourage riche et son harmonie avec l'ornementation de la pièce, indiquait l'importance que le propriétaire de l'hôtel attachait à ce blason.

Monte-Christo s'arrêta devant ce blason, qu'il examina avec attention.

— D'azur à sept merlettes d'or posées en bande. C'est sans doute l'écusson de votre famille, monsieur? demanda-t-il. A part la connaissance des pièces du blason qui me permet de le déchiffrer, je suis fort ignorant en matière héraldique; moi comte de hasard, fabriqué par la Toscane à l'aide d'une commanderie de Saint-Etienne, et qui me fusse passé d'être grand seigneur si l'on ne m'eût répété que lorsqu'on voyage beaucoup, c'est chose absolument nécessaire. Car enfin il faut bien, ne fût-ce que pour que les douaniers ne vous visitent pas, avoir quelque chose sur les panneaux de sa voiture. Excusez-moi donc si je vous fais une pareille question.

— Elle n'est aucunement indiscrète, monsieur, dit Morcerf avec la simplicité de la conviction, et vous aviez deviné juste : ce sont nos armes, c'est-à-dire celles du chef de mon père ; mais elles sont, comme vous voyez, accolées à un autre écusson, qui est de gueules à la tour d'argent, et qui est du chef de ma mère ; par les femmes, je suis Espagnol, mais la maison de Morcerf est française, et, à ce que j'ai entendu dire, même une des plus anciennes du midi de la France.

— Oui, reprit Monte-Christo, c'est ce qu'indiquent les merlettes. Presque tous les pèlerins armés qui tentèrent ou qui firent la conquête de la terre sainte, prirent pour armes ou des croix, signe de la mission à laquelle ils s'étaient voués, ou des oiseaux voyageurs, symbole du long voyage qu'ils allaient entreprendre et qu'ils espéraient accomplir sur les ailes de la foi. Un de vos aïeux paternels aura été de quelqu'une de vos croisades, et en supposant que ce ne soit que celle de saint Louis, cela vous fait déjà remonter au treizième siècle, ce qui est encore fort joli.

— C'est possible, dit Morcerf; il y a quelque part dans le cabinet de mon père un arbre généalogique qui nous dira cela, et sur lequel j'avais fait autrefois des commentaires qui eussent fort édifié d'Hozier et Jaucourt. A présent je n'y pense plus et cependant je vous dirai, monsieur le comte, et ceci rentre dans mes attributions de cicerone, que l'on recommence à s'occuper beaucoup de ces choses-là sous notre gouvernement populaire.

— Eh bien! alors votre gouvernement aurait bien dû choisir dans son passé quelque chose de mieux que ces deux pancartes que j'ai remarquées sur vos monuments, et qui n'ont aucun sens héraldique. Quant à vous, vicomte, reprit Monte-Christo en revenant à Morcerf, vous êtes plus heureux que votre gouvernement, car vos armes sont vraiment belles et parlent à l'imagination. Oui, c'est bien cela, vous êtes à la fois de Provence et d'Espagne; c'est ce qui explique, si le portrait que vous m'avez montré est ressemblant, cette belle couleur brune que j'admirais si fort sur le visage de la noble Catalane.

Il eût fallu être OEdipe ou le sphinx lui-même pour deviner l'ironie que mit le comte dans ces paroles empreintes en apparence de la plus grande politesse; aussi Morcerf le remercia-t-il d'un sourire, et passant le premier pour lui montrer le chemin, poussa-t-il la porte qui s'ouvrait au-dessous de ses armes, et qui, ainsi que nous l'avons dit, donnait dans le salon.

Dans l'endroit le plus apparent de ce salon se voyait aussi un portrait; c'était celui d'un homme de trente-cinq à trente-huit ans, vêtu d'un uniforme d'officier-général, portant cette double épaulette en torsade, signe des grades supérieurs ; le ruban de la Légion-d'Honneur au cou, ce qui indiquait qu'il était commandeur, et sur la poitrine, à droite, la plaque de grand-officier de l'Ordre du Sauveur, et à gauche, celle de grand'croix de l'Ordre de Charles III, ce qui indiquait que la personne représentée par ce portrait avait dû faire les guerres de Grèce et d'Espagne, ou, ce qui revient absolument au même en matière de cordons, avoir rempli quelque mission diplomatique dans les deux pays.

Monte-Christo était occupé à détailler ce portrait avec non moins de soin qu'il avait fait de l'autre, lorsqu'une porte latérale s'ouvrit, et qu'il se trouva en face du comte de Morcerf lui-même.

C'était un homme de quarante à quarante-cinq ans, mais qui en paraissait au moins cinquante, et dont la moustache et les sourcils noirs tranchaient étrangement avec des cheveux presque blancs coupés en brosse à la mode militaire ; il était vêtu en bourgeois et portait à sa boutonnière un ruban dont les différents lisérés rappelaient les différents ordres dont il était décoré. Cet homme entra d'un pas assez noble et avec une sorte d'empressement. Monte-Christo le vit venir à lui sans faire un seul pas ; on eût dit que ses pieds étaient cloués au parquet comme ses yeux sur le visage du comte de Morcerf.

— Mon père, dit le jeune homme, j'ai l'honneur de vous présenter monsieur le comte de Monte-Christo, ce généreux ami que j'ai eu le bonheur de rencontrer dans les circonstances difficiles que vous savez.

— Monsieur est le bienvenu parmi nous, dit le comte de Morcerf en saluant Monte-Christo avec un sourire, et il a rendu à notre maison, en lui conservant son unique héritier, un service qui sollicitera éternellement notre reconnaissance.

Et en disant ces paroles le comte de Morcerf indiquait un fauteuil à Monte-Christo, en même temps que lui-même s'asseyait en face de la fenêtre.

Quant à Monte-Christo, tout en prenant le fauteuil désigné par le comte de Morcerf, il s'arrangea de manière à demeurer caché dans l'ombre des grands rideaux de velours et à lire de là sur les traits empreints de fatigue et de soucis du comte toute une histoire de secrètes douleurs écrites dans chacune de ses rides venues avant le temps.

— Madame la comtesse, dit Morcerf, était à sa toilette lorsque le vicomte l'a fait prévenir de la visite qu'elle allait avoir le bonheur de recevoir; elle va descendre, et dans dix minutes elle sera au salon.

— C'est beaucoup d'honneur pour moi, dit Monte-Christo, d'être ainsi, dès le jour de mon arrivée à Paris, mis en rapport avec un homme dont le mérite égale la réputation, et pour lequel la fortune, juste une fois, n'a pas fait d'erreur; mais n'a-t-elle pas encore, dans les plaines de la Mitidja ou dans les montagnes de l'Atlas, un bâton de maréchal à vous offrir?

— Oh! répliqua Morcerf en rougissant un peu, j'ai quitté le service, monsieur. Nommé pair sous la Restauration, j'étais de la première campagne, et je servais sous les ordres du maréchal de Bourmont; je pouvais donc prétendre à un commandement supérieur, et qui sait ce qui fût arrivé si la branche aînée fût restée sur le trône ! Mais la révolution de Juillet était, à ce qu'il paraît, assez glorieuse pour se permettre d'être ingrate, elle le fut pour tout service qui ne datait pas de la période impériale; je donnai donc ma démission, car, lorsqu'on a comme moi gagné ses épaulettes sur les champs de bataille, on ne sait guère manœuvrer sur le terrain glissant des salons; j'ai quitté l'épée, je me suis jeté dans la politique, je me voue à l'industrie, j'étudie les arts utiles. Pendant les vingt années que j'étais resté au service, j'en avais bien eu le désir, mais je n'en avais pas eu le temps.

— Ce sont de pareilles idées qui entretiennent la supériorité de votre nation sur les autres pays, monsieur, répondit Monte-Christo; gentilhomme issu de grande maison, possédant une belle fortune, vous avez d'abord consenti à gagner les premiers grades en soldat obscur, c'est fort rare; puis, devenu général, pair de France, commandeur de la Légion-d'Honneur, vous consentez à recommencer un second apprentissage, sans autre espoir, sans autre récompense que celle d'être un jour utile à vos semblables... Ah! monsieur, voilà qui est vraiment beau; je dirai plus, voilà qui est sublime.

Albert regardait et écoutait Monte-Christo avec étonnement ; il n'était pas habitué à le voir s'élever à de pareilles idées d'enthousiasme.

— Hélas ! continua l'étranger, sans doute pour faire disparaître l'imperceptible nuage que ces paroles venaient de faire passer sur le front de Morcerf, nous ne faisons pas ainsi en Italie, nous croissons selon notre race et notre espèce, et nous gardons même feuillage, même taille, et souvent même inutilité toute notre vie.

— Mais, monsieur, répondit le comte de Morcerf, pour un homme de votre mérite, l'Italie n'est pas une patrie, et la France vous tend les bras ; répondez à son appel, la France ne sera peut-être pas ingrate pour tout le monde ; elle traite mal ses enfants, mais d'habitude elle accueille grandement les étrangers.

— Eh! mon père, dit Albert avec un sourire, on voit bien que vous ne connaissez pas monsieur le comte de Monte-Christo. Ses satisfactions à lui sont en dehors de ce monde ; il n'aspire point aux honneurs, et en prend seulement ce qui peut tenir sur un passe-port.

— Voilà, à mon égard, l'expression la plus juste que j'aie jamais entendue, répondit l'étranger.

— Monsieur a été le maître de son avenir, dit le comte de Morcerf avec un soupir, et il a choisi le chemin de fleurs.

— Justement, monsieur, répliqua Monte-Christo avec un de ces sourires qu'un peintre ne rendra jamais, et qu'un physiologiste désespérera toujours d'analyser.

— Si je n'eusse craint de fatiguer monsieur le comte, dit le général, évidemment charmé des manières de Monte-Christo, je l'eusse emmené à la Chambre, il y a aujourd'hui séance curieuse pour quiconque ne connaît pas nos sénateurs modernes.

— Je vous serai fort reconnaissant, monsieur, si vous voulez bien me renouveler cette offre une autre fois; mais aujourd'hui l'on m'a flatté de l'espoir d'être présenté à madame la comtesse, et j'attendrai.

— Ah! voici ma mère, s'écria le vicomte.

En effet, Monte-Christo en se retournant vivement vit madame de Morcerf à l'entrée du salon, au seuil de la porte opposée à celle par laquelle était entré son mari; immobile et pâle, elle laissa, lorsque Monte-Christo se retourna de son côté, tomber son bras qui, on ne sait pourquoi, s'était appuyé sur le chambranle doré; elle était là depuis quelques secondes, et avait entendu les dernières paroles prononcées par le visiteur ultramontain.

Celui-ci se leva et salua profondément la comtesse, qui s'inclina à son tour, muette et cérémonieuse.

— Eh, mon Dieu! madame, demanda

le comte, qu'avez-vous donc? serait-ce par hasard la chaleur de ce salon qui vous fait mal?

— Souffrez-vous, ma mère? s'écria le vicomte en s'élançant au-devant de Mercédès.

Elle les remercia tous deux avec un sourire.

— Non, dit-elle, mais j'ai éprouvé quelque émotion en voyant pour la première fois celui sans l'intervention duquel nous serions en ce moment dans les larmes et dans le deuil. Monsieur, continua la comtesse en s'avançant avec la majesté d'une reine, je vous dois la vie de mon fils, et pour ce bienfait je vous bénis. Maintenant je vous rends grâce pour le plaisir que vous me faites en me procurant l'occasion de vous remercier comme je vous ai béni, c'est-à-dire du fond du cœur.

Le comte s'inclina encore, mais plus profondément que la première fois; il était plus pâle encore que Mercédès.

— Madame, dit-il, monsieur le comte et vous me récompensez trop généreusement d'une action bien simple. Sauver un homme, épargner un tourment à un père, ménager la sensibilité d'une femme, ce n'est point faire une bonne œuvre, c'est faire acte d'humanité.

A ces mots prononcés avec une douceur et une politesse exquises, madame de Morcerf répondit avec un accent profond :

— Il est bien heureux pour mon fils, monsieur, de vous avoir pour ami, et je rends grâce à Dieu qui a fait les choses ainsi.

Et Mercédès leva ses beaux yeux au ciel avec une gratitude si infinie, que le comte crut y voir trembler deux larmes.

M. de Morcerf s'approcha d'elle :

— Madame, dit-il, j'ai déjà fait mes excuses à monsieur le comte d'être obligé de le quitter, et vous les lui renouvellerez, je vous prie. La séance ouvre à deux heures, il en est trois, et je dois parler.

— Allez, monsieur, je tâcherai de faire oublier votre absence à notre hôte, dit la comtesse avec le même accent de sensibilité. Monsieur le comte, continua-t-el en se retournant vers Monte-Christo, nous fera-t-il la grâce de passer le reste de la journée avec nous?

— Merci, madame, et vous me voyez, croyez-le bien, on ne peut plus reconnaissant de votre offre, mais je suis descendu ce matin à votre porte de ma voiture de voyage. Comment suis-je installé à Paris, je l'ignore ; où le suis-je, je le sais à peine. C'est une inquiétude légère, je le sais, mais appréciable cependant.

— Nous aurons ce plaisir une autre fois au moins, vous nous le promettez? demanda la comtesse.

Monte-Christo s'inclina sans répondre,

mais le geste pouvait passer pour un assentiment.

— Alors, je ne vous retiens pas, monsieur, dit la comtesse, car je ne veux pas que ma reconnaissance devienne ou une indiscrétion ou une importunité.

— Mon cher comte, dit Albert, si vous le voulez bien, je vais essayer de vous rendre à Paris votre gracieuse politesse de Rome, et mettre mon coupé à votre disposition jusqu'à ce que vous ayez eu le temps de monter vos équipages.

— Merci mille fois de votre obligeance, vicomte, dit Monte-Christo, mais je présume que M. Bertuccio aura convenablement employé les quatre heures et demie que je viens de lui laisser, et que je trouverai à la porte une voiture quelconque tout attelée.

Albert était habitué à ces façons de la part du comte, il savait qu'il était comme Néron à la recherche de l'impossible, et il ne s'étonnait plus de rien, seulement il voulut juger par lui-même de quelle façon ses ordres avaient été exécutés ; il l'accompagna donc jusqu'à la porte de l'hôtel.

Monte-Christo ne s'était pas trompé : dès qu'il avait paru dans l'antichambre du comte de Morcerf, un valet de pied, le même qui à Rome était venu apporter la carte du comte aux deux jeunes gens et leur annoncer sa visite, s'était élancé hors du péristyle, de sorte qu'en arrivant au perron l'illustre voyageur trouva effectivement sa voiture qui l'attendait.

C'était un coupé sortant des ateliers de Keller, et un attelage dont Drake avait, à la connaissance de tous les lions de Paris, refusé la veille encore dix-huit mille francs.

— Monsieur, dit le comte à Albert, je ne vous propose pas de m'accompagner jusque chez moi, je ne pourrais vous montrer qu'une maison improvisée, et j'ai, vous le savez, sous le rapport des improvisations, une réputation à ménager. Accordez-moi un jour et permettez-moi alors de vous inviter. Je serai plus sûr de ne pas manquer aux lois de l'hospitalité.

— Si vous me demandez un jour, monsieur le comte, je suis tranquille ; ce ne sera plus une maison que vous me montrerez ce sera un palais. Décidément, vous avez quelque génie à votre disposition.

— Ma foi, laissez-le croire, dit Monte-Christo, en mettant le pied sur les degrés garnis de velours de son splendide équipage, cela me fera quelque bien auprès des dames.

Et il s'élança dans sa voiture, qui se referma derrière lui, et partit au galop, mais pas si rapidement que le comte n'aperçût le mouvement imperceptible qui fit trembler le rideau du salon où il avait laissé madame de Morcerf.

Lorsque Albert rentra chez sa mère, il trouva la comtesse au boudoir, plongée dans un grand fauteuil de velours; toute la chambre, noyée d'ombre, ne laissait apercevoir que la paillette étincelante attachée çà et là au ventre de quelque postiche ou à l'angle de quelque cadre d'or.

Albert ne put voir le visage de la comtesse perdu dans un nuage de gaze qu'elle avait roulée autour de ses cheveux comme une auréole de vapeur; mais il lui sembla que sa voix était altérée; il distingua aussi parmi les parfums des roses et des héliotropes de la jardinière la trace âpre et mordante des sels de vinaigre; sur une des coupes ciselées de la cheminée, en effet, le flacon de la comtesse, sorti de sa gaîne de chagrin, attira l'attention inquiète du jeune homme.

— Souffrez-vous, ma mère, s'écria-t-il en entrant, et vous seriez-vous trouvée mal pendant mon absence?

— Moi ? non pas, Albert ; mais vous comprenez, ces roses, ces tubéreuses et ces fleurs d'oranger dégagent pendant ces premières chaleurs, auxquelles on n'est pas habitué, de si violents parfums...

— Alors, ma mère, dit Morcerf en portant la main à la sonnette, il faut les faire porter dans votre antichambre. Vous êtes vraiment indisposée ; déjà tantôt, quand vous êtes entrée, vous étiez fort pâle.

— J'étais pâle, dites-vous, Albert ?

— D'une pâleur qui vous sied à merveille, ma mère, mais qui ne nous a pas moins effrayés pour cela, mon père et moi.

— Votre père vous en a-t-il parlé? demanda vivement Mercédès.

— Non, madame, mais c'est à vous-même, souvenez-vous, qu'il a fait cette observation.

— Je ne me souviens pas, dit la comtesse.

Un valet entra : il venait au bruit de la sonnette tirée par Albert.

— Portez ces fleurs dans l'antichambr

ou dans le cabinet de toilette, dit le vicomte ; elles font mal à madame la comtesse.

Le valet obéit.

Il y eut un assez long silence, et qui dura pendant tout le temps que se fit le déménagement.

— Qu'est-ce donc que ce nom de Monte-Christo ? demanda la comtesse quand le domestique fut sorti emportant le dernier vase de fleurs, est-ce un nom de famille, un nom de terre, un titre simple ?

— C'est, je crois, un titre, ma mère, et voilà tout. Le comte a acheté une île dans l'Archipel toscan, et a, d'après ce qu'il disait lui-même ce matin, fondé une commanderie. Vous savez que cela se fait ainsi pour Saint-Étienne de Florence, pour Saint-Georges-Constantinien de Parme, et même pour l'ordre de Malte. Au reste, il n'a aucune prétention à la noblesse et s'appelle un comte de hasard, quoique l'opinion générale de Rome soit que le comte est un très-grand seigneur.

— Ses manières sont excellentes, dit la comtesse, du moins d'après ce que j'en ai pu juger par les courts instants pendant lesquels il est resté ici.

— Oh! parfaites, ma mère, si parfaites même qu'elles surpassent de beaucoup tout ce que j'ai connu de plus aristocratique dans les trois noblesses les plus fières de l'Europe, c'est-à-dire dans la noblesse anglaise, dans la noblesse espagnole et dans la noblesse allemande.

La comtesse réfléchit un instant, puis après cette courte hésitation elle reprit :

— Vous avez vu, mon cher Albert... c'est une question de mère que je vous adresse là, vous le comprenez, vous avez vu M. de Monte-Christo dans son intérieur ; vous avez de la perspicacité, vous avez l'habitude du monde, plus de tact qu'on n'en a d'ordinaire à votre âge ; croyez-vous que le comte soit ce qu'il paraît réellement être ?

— Et que paraît-il ?

— Vous l'avez dit vous-même à l'instant, un grand seigneur.

— Je vous ai dit, ma mère, qu'on le tenait pour tel.

— Mais qu'en pensez-vous, vous, Albert ?

— Je n'ai pas, je vous l'avouerai, d'opinion bien arrêtée sur lui ; je le crois Maltais.

— Je ne vous interroge pas sur son origine ; je vous interroge sur sa personne.

— Ah ! sur sa personne, c'est autre chose ; et j'ai vu tant de choses étranges de lui, que si vous voulez que je vous dise ce que j'en pense je vous répondrai que je le regarderais volontiers comme un des hommes de Byron, que le malheur a marqué d'un sceau fatal; quelque Manfrède, quelque Lara, quelque Werner, comme un de ces débris enfin de quelque vieille famille qui, déshérités de leur fortune paternelle, en ont trouvé une par la force de leur génie aventureux qui les a mis au-dessus des lois de la société.

— Vous dites?...

— Je dis que Monte-Christo est une île au milieu de la Méditerranée, sans habitants, sans garnison, repaire de contrebandiers de toutes nations, de pirates de tous pays. Qui sait si ces dignes industriels ne payent pas à leur seigneur un droit d'asile?

— C'est possible, dit la comtesse rêveuse.

— Mais n'importe, reprit le jeune homme, contrebandier ou non, vous en conviendrez, ma mère, puisque vous l'avez vu, M. le comte de Monte-Christo est un homme remarquable et qui aura les plus grands succès dans les salons de Paris. Et tenez, ce matin même, chez moi, il a commencé son entrée dans le monde en frappant de stupéfaction jusqu'à Château-Renaud.

— Et quel âge peut avoir le comte? demanda Mercédès attachant visiblement une grande importance à cette question.

— Il a trente-cinq à trente-six ans, ma mère.

— Si jeune! c'est impossible, dit Mercédès répondant en même temps à ce que lui disait Albert et à ce que lui disait sa propre pensée.

— C'est la vérité, cependant. Trois ou quatre fois il m'a dit, et certes sans préméditation, à telle époque j'avais cinq ans, à telle autre j'avais dix ans, à telle autre douze; moi, que la curiosité tenait éveillé sur ces détails, je rapprochais les dates, et jamais je ne l'ai trouvé en défaut. L'âge de cet homme singulier, qui n'a pas d'âge, est donc, j'en suis sûr, de trente-cinq ans. Au surplus, rappelez-vous, ma mère, combien son œil est vif, combien ses cheveux sont noirs et combien son front, quoique pâle, est exempt de rides; c'est une nature non-seulement vigoureuse, mais encore jeune.

La comtesse baissa la tête comme sous un flot trop lourd d'amères pensées.

— Et cet homme s'est pris d'amitié pour vous, Albert? demanda-t-elle avec un frissonnement nerveux.

— Je le crois, madame.

— Et vous... l'aimez-vous aussi?

— Il me plaît, madame, quoi qu'en dise Franz d'Épinay, qui voulait le faire passer à mes yeux pour un homme revenant de l'autre monde.

La comtesse fit un mouvement de terreur.

— Albert, dit-elle d'une voix altérée, je vous ai toujours mis en garde contre les nouvelles connaissances. Maintenant vous êtes homme, et vous pourriez me donner des conseils à moi-même ; cependant je vous répéterai : Soyez prudent, Albert.

— Encore faudrait-il, chère mère, pour que le conseil me fût profitable, que je susse d'avance de quoi me défier. Le comte ne joue jamais, le comte ne boit que de l'eau dorée par une goutte de vin d'Espagne ; le comte s'est annoncé si riche que, sans se faire rire au nez, il ne pourrait m'emprunter d'argent : que voulez-vous donc que je craigne de la part du comte ?

— Vous avez raison, dit la comtesse, et mes terreurs sont folles, ayant pour objet surtout un homme qui vous a sauvé la vie. A propos, votre père l'a-t-il bien reçu, Albert? Il est important que nous soyons plus que convenables avec le comte. M. de Morcerf est parfois occupé, ses affaires le rendent soucieux, et il se pourrait que, sans le vouloir...

— Mon père a été parfait, madame, interrompit Albert; je dirai plus : il a paru infiniment flatté de deux ou trois compliments des plus adroits que le comte lui a glissés avec autant de bonheur que d'à-propos, comme s'il l'eût connu depuis trente ans. Chacune de ces petites flèches louangeuses a dû chatouiller mon père, ajouta Albert en riant, de sorte qu'ils se sont quittés les meilleurs amis du monde, et que M. de Morcerf voulait même l'emmener à la Chambre pour lui faire entendre son discours.

La comtesse ne répondit pas ; elle était absorbée dans une rêverie si profonde que ses yeux s'étaient fermés peu à peu. Le jeune homme, debout devant elle, la regardait avec cet amour filial plus tendre et plus affectueux chez les enfants dont les mères sont jeunes et belles encore; puis, après avoir vu ses yeux se fermer, il l'écouta respirer un instant dans sa douce immobilité, et, la croyant assoupie, il s'éloigna sur la pointe du pied, poussant avec précaution la porte de la chambre où il laissait sa mère.

— Ce diable d'homme, murmura-t-il en

secouant la tête, je lui ai bien prédit là-bas qu'il ferait sensation dans le monde; je mesure son effet sur un thermomètre infaillible. Ma mère l'a remarqué, donc il faut qu'il soit bien remarquable.

Et il descendit à ses écuries, non sans un dépit secret de ce que, sans y avoir même songé, le comte de Monte-Christo avait mis la main sur un attelage qui renvoyait ses bais au numéro 2 dans l'esprit des connaisseurs.

— Décidément, dit-il, les hommes ne sont pas égaux, il faudra que je prie mon père de développer ce théorème à la Chambre haute.

CHAPITRE VIII.

MONSIEUR BERTUCCIO.

Pendant ce temps le comte était arrivé chez lui; il avait mis six minutes pour faire le chemin. Ces six minutes avaient suffi pour qu'il fût vu de vingt jeunes gens qui, connaissant le prix de l'attelage qu'ils n'avaient pu acheter eux-mêmes, avaient mis leur monture au galop pour entrevoir le splendide seigneur qui se donnait des chevaux de 10,000 francs la pièce.

La maison choisie par Ali, et qui devait servir de résidence de ville à Monte-Christo, était située à droite en montant les Champs-Élysées, placée entre cour et jardin; un massif fort touffu, qui s'élevait au milieu de la cour, masquait une partie de la façade; autour de ce massif s'avançaient, pareils à deux bras, deux allées qui, s'étendant à droite et à gauche, amenaient, à partir de la grille, les voitures à un double perron supportant à chaque marche un vase de porcelaine plein de fleurs. Cette maison, isolée au milieu d'un large espace, avait, outre l'entrée principale, une autre entrée donnant sur la rue de Ponthieu.

Avant même que le cocher eût hêlé le concierge, la grille massive roula sur ses gonds ; on avait vu venir le comte, et à Paris comme à Rome, comme partout, il était servi avec la rapidité de l'éclair. Le cocher entra donc, décrivit le demi-cercle sans avoir rallenti son allure, et la grille était refermée déjà que les roues criaient encore sur le sable de l'allée.

Au côté gauche du perron la voiture s'arrêta ; deux hommes parurent à la portière : l'un était Ali, qui sourit à son maître avec une incroyable franchise de joie, et qui se trouva payé par un simple regard de Monte-Christo.

L'autre salua humblement et présenta son bras au comte pour l'aider à descendre de la voiture.

— Merci, monsieur Bertuccio, dit le comte en sautant légèrement les trois degrés du marchepied, et le notaire?

— Il est dans le petit salon, Excellence, répondit Bertuccio.

— Et les cartes de visite que je vous ai dit de faire graver dès que vous auriez le numéro de la maison?

— Monsieur le comte, c'est déjà fait; j'ai été chez le meilleur graveur du Palais-Royal, qui a exécuté la planche devant moi; la première carte tirée a été portée à l'instant même, selon votre ordre, à M. le baron Danglars, député, rue de la Chaussée-d'Anti , n° 7; les autres sont sur la cheminée de la chambre à coucher de Votre Excellence.

— Bien. Quelle heure est-il ?

— Quatre heures.

Monte-Christo donna ses gants, son chapeau et sa canne à ce même laquais français qui s'était élancé hors de l'antichambre du comte de Morcerf pour appeler la voiture, puis il passa dans le petit salon, conduit par Bertuccio, qui lui montra le chemin.

— Voilà de pauvres marbres dans cette antichambre, dit Monte-Christo, j'espère bien qu'on m'enlèvera tout cela.

Bertuccio s'inclina.

Comme l'avait dit l'intendant, le notaire attendait dans le petit salon.

C'était une honnête figure de deuxième clerc de Paris élevé à la dignité infranchissable de tabellion de la banlieue.

— Monsieur est le notaire chargé de vendre la maison de campagne que je veux acheter? demanda Monte-Christo.

— Oui, monsieur le comte, répliqua le notaire.

— L'acte de vente est-il prêt?

— Oui, monsieur le comte.

— L'avez-vous apporté?

— Le voici.

— Parfaitement. Et où est cette maison que j'achète? demanda négligemment

Monte-Christo s'adressant moitié à Bertuccio, moitié au notaire.

L'intendant fit un geste qui signifiait : Je ne sais pas.

Le notaire regarda Monte-Christo avec étonnement.

— Comment? dit-il, monsieur le comte ne sait pas où est la maison qu'il achète?

— Non, ma foi, dit le comte.

— Monsieur le comte ne la connaît pas?

— Et comment diable la connaîtrais-je? j'arrive de Cadix ce matin, je ne suis jamais venu à Paris, c'est même la première fois que je mets le pied en France.

— Alors c'est autre chose, répondit le notaire, la maison que monsieur le comt achète est située à Auteuil.

A ces mots Bertuccio pâlit visiblement.

— Et où prenez-vous Auteuil? demanda Monte-Christo.

— A deux pas d'ici, monsieur le comte, dit le notaire, un peu après Passy, dans une situation charmante au milieu du bois de Boulogne.

— Si près que cela! dit Monte-Christo, mais ce n'est pas la campagne. Comment diable m'avez-vous été choisir une maison à la porte de Paris, monsieur Bertuccio?

— Moi! s'écria l'intendant avec un

étrange empressement, non certes ; ce n'est pas moi que monsieur le comte a chargé de choisir cette maison ; que monsieur le comte veuille bien se rappeler, chercher dans sa mémoire, interroger ses souvenirs.

— Ah ! c'est juste, dit Monte-Christo ; je me rappelle maintenant, j'ai lu cette annonce dans un journal, et je me suis laissé séduire à ce titre menteur : *Maison de campagne.*

— Il est encore temps, dit vivement Bertuccio; et si Votre Excellence veut me charger de chercher partout ailleurs, je lui trouverai ce qu'il y aura de mieux, soit à Enghien, soit à Fontenay-aux-Roses, soit à Bellevue.

— Non, ma foi, dit insoucieusement Monte-Christo; puisque j'ai celle-là, je la garderai.

— Et monsieur a raison, dit vivemnt le notaire, qui craignait de perdre ses honoraires ; c'est une charmante propriété: eaux vives, bois touffus, habitation confortable, quoique abandonnée depuis longtemps; sans compter le mobilier qui, si vieux qu'il soit, a de la valeur, surtout aujourd'hui, que l'on recherche les antiquailles. Pardon, mais je crois que monsieur le comte a le goût de son époque.

— Dites toujours, fit Monte-Christo ; c'est convenable alors ?

— Ah ! monsieur, c'est mieux que cela, c'est magnifique.

— Peste! ne manquons pas une pareille occasion, dit Monte-Christo; le contrat, s'il vous plaît, monsieur le notaire.

Et il signa rapidement, après avoir jeté un regard à l'endroit de l'acte où étaient désignés la situation de la maison et les noms des propriétaires.

— Bertuccio, dit-il, donnez cinquante-cinq mille francs à monsieur.

L'intendant sortit d'un pas mal assuré, et revint avec une liasse de billets de banque que le notaire compta en homme qui a l'habitude de ne recevoir son argent qu'après la purge légale.

— Et maintenant, demanda le comte,

toutes les formalités sont-elles remplies?

— Toutes, monsieur le comte.

— Avez-vous les clefs?

— Elles sont aux mains du concierge qui garde la maison; mais voici l'ordre que je lui ai donné d'installer monsieur dans sa nouvelle propriété.

— Fort bien.

Et Monte-Christo fit au notaire un signe de tête qui voulait dire :

— Je n'ai plus besoin de vous, allez-vous-en.

— Mais, hasarda l'honnête tabellion, monsieur le comte s'est trompé, il me semble ; ce n'est que cinquante mille francs, tout compris.

— Et vos honoraires ?

— Se trouvent payés moyennant cette somme, monsieur le comte.

— Mais n'êtes-vous pas venu d'Auteuil ici ?

— Oui, sans doute.

— Eh bien! il faut bien vous payer votre dérangement, dit le comte. Et il le congédia du geste.

Le notaire sortit à reculons et en saluant jusqu'à terre ; c'était la première fois, depuis le jour où il avait pris ses inscriptions, qu'il rencontrait un pareil client.

— Conduisez monsieur, dit le comte à Bertuccio.

Et l'intendant sortit derrière le notaire.

A peine le comte fut-il seul, qu'il tira de sa poche un portefeuille à serrure, qu'il ouvrit avec une petite clef qu'il portait au cou et qui ne le quittait jamais.

Après avoir cherché un instant, il s'arrêta à un feuillet qui portait quelques notes, confronta ces notes avec l'acte de vente déposé sur la table, et recueillant ses souvenirs:

— Auteuil, rue de la Fontaine, n° 28;

c'est bien cela, dit-il ; maintenant dois-je m'en rapporter à un aveu arraché par la terreur religieuse ou par la terreur physique ? Au reste, dans une heure je saurai tout.

— Bertuccio ! cria-t-il en frappant avec une espèce de petit marteau à manche pliant sur un timbre qui rendit un son aigu et prolongé pareil à celui d'un tam-tam. — Bertuccio !

L'intendant parut sur le seuil.

— Monsieur Bertuccio ! dit le comte, ne m'aviez-vous pas dit autrefois que vous aviez voyagé en France ?

— Dans certaines parties de la France, oui, Excellence.

— Vous connaissez les environs de Paris sans doute?

— Non, Excellence, non, répondit l'intendant avec une sorte de tremblement nerveux, que Monte-Christo, connaisseur en fait d'émotions, attribua avec raison à une vive inquiétude.

— C'est fâcheux, dit-il, que vous n'ayez jamais visité les environs de Paris, car je veux aller ce soir même voir ma nouvelle propriété, et en venant avec moi vous m'eussiez donné sans doute d'utiles renseignements.

— A Auteuil! s'écria Bertuccio, dont le teint cuivré devint presque livide. Moi, aller à Auteuil!

— Eh bien! qu'y a-t-il d'étonnant que vous veniez à Auteuil, je vous le demande? Quand je demeurerai à Auteuil, il faudra bien que vous y veniez, puisque vous faites partie de la maison.

Bertuccio baissa la tête devant le regard impérieux du maître, et il demeura immobile et sans réponse.

— Ah çà, mais que vous arrive-t-il? Vous allez donc me faire sonner une seconde fois pour la voiture? dit Monte-Christo du ton que Louis XIV mit à prononcer le fameux : « J'ai failli attendre! »

Bertuccio ne fit qu'un bond du petit salon à l'antichambre, et cria d'une voix rauque :

— Les chevaux de Son Excellence !

Monte-Christo écrivit deux ou trois lettres; comme il cachetait la dernière, l'intendant reparut.

— La voiture de Son Excellence est à la porte, dit-il.

— Eh bien, prenez vos gants et votre chapeau, dit Monte-Christo.

— Est-ce que je vais avec monsieur le comte? s'écria Bertuccio.

— Sans doute, il faut bien que vous donniez vos ordres, puisque je compte habiter cette maison.

Il était sans exemple que l'on eût répliqué à une injonction du comte; aussi l'intendant, sans faire aucune objection, suivit-il son maître, qui monta dans la voiture et lui fit signe de le suivre.

L'intendant s'assit respectueusement sur la banquette du devant.

CHAPITRE IX.

LA MAISON D'AUTEUIL.

Monte-Christo avait remarqué qu'en descendant le perron Bertuccio s'était signé à la manière des Corses, c'est-à-dire en coupant l'air en croix avec le pouce, et qu'en prenant sa place dans la voiture il avait marmotté tout bas une courte prière.

Tout autre qu'un homme curieux eût eu pitié de la singulière répugnance manifestée par le digne intendant pour la promenade méditée *extrà muros* par le comte; mais, à ce qu'il paraît, celui-ci était trop curieux pour dispenser Bertuccio de ce petit voyage. En vingt minutes on fut à Auteuil. L'émotion de l'intendant avait été toujours croissant. En entrant dans le village, Bertuccio, rencogné dans l'angle de la voiture, commença à examiner avec une émotion fiévreuse chacune des maisons devant lesquelles on passait.

—Vous ferez arrêter rue de la Fontaine, au n° 28, dit le comte, en fixant impitoyablement son regard sur l'intendant, auquel il donnait cet ordre.

La sueur monta au visage de Bertuccio, et cependant il obéit, et, se penchant en dehors de la voiture, il cria au cocher : Rue de la Fontaine, n° 28.

Ce n° 28 était situé à l'extrémité du village. Pendant le voyage, la nuit était venue, ou plutôt un nuage noir tout chargé d'électricité donnait à ces ténèbres prématurées l'apparence et la solennité d'un épisode dramatique. La voiture s'arrêta, le valet de pied se précipita à la portière qu'il ouvrit.

— Eh bien! dit le comte, vous ne descendez pas, monsieur Bertuccio? vous restez donc dans la voiture alors? Mais à quoi diable songez-vous donc ce soir?

Bertuccio se précipita par la portière et présenta son épaule au comte, qui cette fois s'appuya dessus et descendit un à un les trois degrés du marche-pied.

— Frappez, dit le comte, et annoncez-moi.

Bertuccio frappa, la porte s'ouvrit et le concierge parut.

— Qu'est-ce que c'est? demanda-t-il.

— C'est votre nouveau maître, brave homme, dit le valet de pied; et il tendit au concierge le billet de reconnaissance donné par le notaire.

— La maison est donc vendue? demanda le concierge, et c'est monsieur qui vient l'habiter?

— Oui, mon ami, dit le comte, et je tâcherai que vous n'ayez pas à regretter votre ancien maître.

— Oh! monsieur, dit le concierge, je n'aurai pas à le regretter beaucoup, car nous le voyions bien rarement; il y a plus de cinq ans qu'il n'est venu, et il a, ma foi, bien fait de vendre une maison qui ne lui rapportait absolument rien.

— Et comment se nommait votre ancien maître? demanda Monte-Christo.

— M. le marquis de Saint-Méran; ah! il n'a pas vendu la maison ce qu'elle lui a coûté, j'en suis bien sûr.

— Le marquis de Saint-Méran! reprit Monte-Christo, mais il me semble que ce nom ne m'est pas inconnu, dit le comte; le marquis de Saint-Méran...

Et il parut chercher.

— Un vieux gentilhomme, continua le concierge, un fidèle serviteur des Bourbons; il avait une fille unique qu'il avait mariée à M. de Villefort, qui a été procureur du roi à Nîmes et ensuite à Versailles.

Monte-Christo jeta un regard qui rencontra Bertuccio plus livide que le mur contre lequel il s'appuyait pour ne pas tomber.

— Et cette fille n'est-elle pas morte? demanda Monte-Christo; il me semble que j'ai entendu dire cela.

— Oui, monsieur, il y a vingt et un ans, et depuis ce temps-là nous n'avons pas revu trois fois le pauvre cher marquis.

— Merci, merci, dit Monte-Christo, jugeant à la prostration de l'intendant qu'il ne pouvait tendre davantage cette corde sans risquer de la briser; merci! Donnez-moi de la lumière, brave homme.

— Accompagnerai-je monsieur?

— Non, c'est inutile, Bertuccio m'éclairera. Et Monte-Christo accompagna ces paroles du don de deux pièces d'or qui soulevèrent une explosion de bénédictions et de soupirs.

— Ah! monsieur! dit le concierge après avoir cherché inutilement sur le rebord de la cheminée et sur les planches y attenantes, c'est que je n'ai pas de bougies ici.

— Prenez une des lanternes de la voiture, Bertuccio, et montrez-moi les appartements, dit le comte.

L'intendant obéit sans observation, mais il était facile à voir, au tremblement de la main qui tenait la lanterne, ce qu'il lui en coûtait pour obéir.

On parcourut un rez-de-chaussée assez vaste; un premier étage composé d'un salon, d'une salle de bains, et de deux chambres à coucher. Par une de ces chambres à coucher, on arrivait à un escalier tournant dont l'extrémité aboutissait au jardin.

— Tiens ! voilà un escalier de dégagement, dit le comte, c'est assez commode. Éclairez-moi, monsieur Bertuccio ; passez devant, et allons où cet escalier nous conduira.

— Monsieur, dit Bertuccio, il va au jardin.

— Et comment savez-vous cela, je vous prie ?

— C'est-à-dire qu'il doit y aller.

— Eh bien ! assurons-nous-en.

Bertuccio poussa un soupir et marcha devant. L'escalier aboutissait effectivement au jardin.

À la porte extérieure, l'intendant s'arrêta.

— Allons donc ! monsieur Bertuccio, dit le comte.

Mais celui auquel il s'adressait était abasourdi, stupide, anéanti. Ses yeux égarés cherchaient tout autour de lui comme les traces d'un passé terrible, et de ses mains crispées il semblait essayer de repousser des souvenirs affreux.

— Eh bien ! insista le comte.

— Non, non, s'écria Bertuccio en posant la lanterne à l'angle du mur intérieur ; non, monsieur, je n'irai pas plus loin, c'est impossible !

— Qu'est-ce à dire ? articula la voix irrésistible de Monte-Christo.

— Mais vous voyez bien, monsieur, s'écria l'intendant, que cela n'est point naturel; qu'ayant une maison à acheter à Paris, vous l'achetiez justement à Auteuil, et que, l'achetant à Auteuil, cette maison soit le n° 28 de la rue de la Fontaine. Ah! pourquoi ne vous ai-je pas tout dit là-bas, monseigneur! Vous n'auriez, certes, pas exigé que je vinsse. J'espérais que la maison de monsieur le comte serait une autre maison que celle-ci. Comme s'il n'y avait d'autre maison à Auteuil que celle de l'assassinat!

— Oh! oh! fit Monte-Christo s'arrêtant tout à coup, quel vilain mot venez-vous de prononcer là! Diable d'homme! Corse enraciné! toujours des mystères ou des superstitions! Voyons, prenez cette lanterne et visitons le jardin ; avec moi vous n'aurez pas peur, j'espère ?

Bertuccio ramassa la lanterne et obéit. La porte, en s'ouvrant, découvrit un ciel blafard, dans lequel la lune s'efforçait vainement de lutter contre une mer de nuages qui la couvraient de leurs flots sombres qu'elle illuminait un instant, et qui allaient ensuite se perdre, plus sombres encore, dans les profondeurs de l'infini.

L'intendant voulut appuyer sur la gauche.

— Non pas, monsieur, dit Monte-Christo, à quoi bon suivre les allées ? voici une belle pelouse ; allons devant nous.

Bertuccio essuya la sueur qui coulait de son front, mais obéit; cependant il continuait de prendre à gauche.

Monte-Christo, au contraire, appuyait à droite; arrivé près d'un massif d'arbres, il s'arrêta.

L'intendant n'y put tenir.

— Éloignez-vous, monsieur, s'écria-t-il, éloignez-vous, je vous en supplie, vous êtes justement à la place!

— A quelle place?

— A la place même où il est tombé.

— Mon cher monsieur Bertuccio, dit Monte-Christo en riant, revenez à vous, je vous y engage; nous ne sommes pas ici à Sartène, ou à Corte. Ceci n'est point un maquis, mais un jardin anglais, mal entretenu, j'en conviens, mais qu'il ne faut pas calomnier pour cela.

— Monsieur, ne restez pas là, ne restez pas là, je vous en supplie !

— Je crois que vous devenez fou, maître Bertuccio, dit froidement le comte; si cela est, prévenez-moi, car je vous ferai enfermer dans quelque maison de santé avant qu'il n'arrive un malheur.

— Hélas! Excellence, dit Bertuccio en secouant la tête et en joignant les mains avec une attitude qui eût fait rire le comte si des pensées d'un intérêt supérieur ne l'eussent captivé en ce moment et rendu fort attentif aux moindres expansions de cette conscience timorée, hélas! Excellence, le malheur est arrivé.

— Monsieur Bertuccio, dit le comte, je suis fort aise de vous dire que, tout en gesticulant, vous vous tordez les bras, et que vous roulez des yeux comme un possédé du corps duquel le diable ne veut pas sortir; or j'ai presque toujours remarqué que le diable le plus entêté à rester à son poste, c'est un secret. Je vous savais Corse, je vous savais sombre et ruminant toujours quelque vieille histoire de vendetta, et je vous passais cela en Italie, parce qu'en Italie ces sortes de choses sont de mise; mais en France on trouve généralement l'assassinat de fort mauvais goût; il y a des gendarmes qui s'en occupent, des juges qui le condamnent et des échafauds qui le vengent.

Bertuccio joignit les mains, et, comme en exécutant ces différentes évolutions il ne quittait point sa lanterne, la lumière éclaira son visage bouleversé.

Monte-Christo l'examina du même œil qu'à Rome il avait examiné le supplice d'Andrea; puis, d'un ton de voix qui fit courir un nouveau frisson par le corps du pauvre intendant :

— L'abbé Busoni m'avait donc menti, dit-il, lorsqu'après son voyage en France, en 1829, il vous envoya vers moi, mu*n* d'une lettre de recommandation, dans laquelle il me recommandait vos précieuses qualités ? Eh bien ! je vais écrire à l'abbé ; je le rendrai responsable de son protégé, et je saurai sans doute ce que c'est que toute cette affaire d'assassinat. Seulement je vous préviens, monsieur Bertuccio, que lorsque je vis dans un pays j'ai l'habitude de me conformer à ses lois, et que je n'ai pas envie de me brouiller pour vous avec la justice de France.

— Oh ! ne faites pas cela, Excellence ! je vous ai servi fidèlement, n'est-ce pas ? s'écria Bertuccio au désespoir ; j'ai toujours été honnête homme, et j'ai même, le plus que j'ai pu, fait de bonnes actions.

— Je ne dis pas non, reprit le comte ; mais pourquoi diable êtes-vous agité de la sorte? C'est mauvais signe ; une conscience pure n'amène pas tant de pâleur sur les joues, tant de fièvre dans les mains d'un homme...

— Mais, monsieur le comte, reprit en hésitant Bertuccio, ne m'avez-vous pas dit vous-même que M. l'abbé Busoni, qui a entendu ma confession dans les prisons de Nîmes, vous avait prévenu, en m'envoyant chez vous, que j'avais un lourd reproche à me faire?

— Oui, mais comme il vous adressait à moi en me disant que vous feriez un excellent intendant, j'ai cru que vous aviez volé, voilà tout!

— Oh! monsieur le comte! fit Bertuccio avec mépris.

— Ou que, comme vous étiez Corse, vous n'aviez pu résister au désir de faire une peau, comme on dit dans votre pays par antiphrase, quand au contraire on en défait une.

— Eh bien! oui, monseigneur, oui, mon bon seigneur, c'est cela! s'écria Bertuccio en se jetant aux genoux du comte; oui, c'est une vengeance, je le jure, une simple vengeance.

— Je comprends, mais ce que je ne comprends pas, c'est que ce soit cette maison justement qui vous galvanise à ce point.

— Mais, monseigneur, n'est-ce pas bien naturel, reprit Bertuccio, puisque c'est dans cette maison que la vengeance s'est accomplie ?

— Quoi ! ma maison ?

— Oh ! monseigneur, elle n'était pas encore à vous, répondit naïvement Bertuccio.

— Mais à qui donc était-elle ? à M. le marquis de Saint-Méran, nous a dit, je crois, le concierge. Que diable aviez-vous donc à vous venger du marquis de Saint-Méran ?

— Oh ! ce n'était pas de lui, monsieur, c'était d'un autre.

— Voilà une étrange rencontre, dit Monte-Christo paraissant céder à ses réflexions, que vous vous retrouviez comme cela par hasard, sans préparation aucune, dans une maison où s'est passée une scène qui vous donne de si affreux remords.

— Monsieur, dit l'intendant, c'est la fatalité qui amène tout cela, j'en suis bien sûr : d'abord vous achetez une maison juste à Auteuil ; cette maison est celle où j'ai commis un assassinat ; vous descendez au jardin, juste par l'escalier où il est descendu ; vous vous arrêtez, juste à l'endroit où il reçut le coup ; à deux pas sous ce platane était la fosse où il venait d'enterrer l'enfant : tout cela n'est pas du hasard, non, car en ce cas le hasard ressemblerait trop à la Providence.

— Eh bien! voyons, monsieur le Corse, supposons que ce soit la Providence; je suppose toujours tout ce qu'on veut, moi; d'ailleurs aux esprits malades il faut faire des concessions. Voyons, rappelez vos esprits et racontez-moi cela.

— Je ne l'ai jamais raconté qu'une fois, monsieur, et c'était à l'abbé Busoni. De pareilles choses, ajouta Bertuccio en secouant la tête, ne se disent que sous le sceau de la confession.

— Alors, mon cher Bertuccio, dit le comte, vous trouverez bon que je vous renvoie à votre confesseur; vous vous ferez avec lui chartreux ou bernardin, et vous causerez de vos secrets. Mais moi, j'ai peur d'un hôte effrayé par de pareils fantômes;

je n'aime pas que mes gens n'osent point se promener le soir dans mon jardin. Puis, je vous l'avoue, je serais peu curieux de quelque visite de commissaire de police ; car, apprenez ceci, maître Bertuccio : en Italie on ne paye la justice que si elle se tait, mais en France on ne la paye au contraire que quand elle parle. Peste ! je vous croyais bien un peu Corse, beaucoup contrebandier, fort habile intendant ; mais je vois que vous avez encore d'autres cordes à votre arc. Vous n'êtes plus à moi, monsieur Bertuccio.

— Oh ! monseigneur ! monseigneur ! s'écria l'intendant frappé de terreur à cette menace ; oh ! s'il ne tient qu'à cela pour que je demeure à votre service, je parlerai, je dirai tout ; et si je vous quitte, eh bien, alors ce sera pour marcher à l'échafaud !

— C'est différent alors, dit Monte-Christo ; mais si vous voulez mentir, réfléchissez-y : mieux vaut que vous ne parliez pas du tout.

— Non, monsieur ! je vous le jure sur le salut de mon âme, je vous dirai tout ! car l'abbé Busoni lui-même n'a su qu'une partie de mon secret. Mais, d'abord, je vous en supplie, éloignez-vous de ce platane ; tenez, la lune va blanchir ce nuage, et là, placé comme vous l'êtes, enveloppé de ce manteau qui me cache votre taille et qui ressemble à celui de M. de Villefort...

— Comment ! s'écria Monte-Christo, c'est M. de Villefort...

— Votre Excellence le connaît?

— L'ancien procureur du roi de Nîmes?

— Oui.

— Qui avait épousé la fille du marquis de Saint-Méran?

— Oui.

— Et qui avait dans le barreau la réputation du plus honnête, du plus sévère, du plus rigide magistrat?

— Eh bien, monsieur! s'écria Bertuccio, cet homme à la réputation irréprochable...

— Oui.

— C'était un infâme.

— Bah! dit Monte-Christo, impossible.

— Cela est pourtant comme je vous le dis.

— Ah! vraiment! dit Monte-Christo, et vous en avez la preuve?

— Je l'avais du moins.

— Et vous l'avez perdue, maladroit?

— Oui; mais en cherchant bien on peut la retrouver.

— En vérité! dit le comte, contez-moi cela, monsieur Bertuccio! car cela commence véritablement à m'intéresser.

Et le comte, en chantonnant un petit

air de *la Lucia,* alla s'asseoir sur un banc, tandis que Bertuccio le suivait en rappelant ses souvenirs.

Bertuccio resta debout devant lui.

CHAPITRE X.

LA VENDETTA.

— D'où monsieur le comte désire-t-il que je reprenne les choses? demanda Bertuccio.

— Mais d'où vous voudrez, dit Monte-Christo, puisque je ne sais absolument rien.

— Je croyais cependant que M. l'abbé Busoni avait dit à Votre Excellence...

— Oui, quelques détails sans doute, mais sept ou huit ans ont passé là-dessus, et j'ai oublié tout cela.

— Alors je puis donc, sans crainte d'ennuyer Votre Excellence...

—Allez, monsieur Bertuccio, allez, vous me tiendrez lieu de journal du soir.

—Les choses remontent à 1815.

— Ah! ah! fit Monte-Christo, ce n'est pas hier, 1815.

— Non, monsieur, et cependant les moindres détails me sont aussi présents à la mémoire que si nous étions seulement au lendemain. J'avais un frère, un frère aîné, qui était au service de l'Empereur. Il était devenu lieutenant dans un régiment composé entièrement de Corses. Ce frère, c'était mon unique ami; nous étions restés orphelins, moi à cinq ans, lui à dix-huit; il m'avait élevé comme si j'eusse été son fils. En 1814, sous les Bourbons, il s'était marié; l'Empereur revint de l'île d'Elbe, mon frère reprit aussitôt du service, et, blessé légèrement à Waterloo, il se retira avec l'armée derrière la Loire.

— Mais c'est l'histoire des Cent-Jours que vous me faites là, monsieur Bertuccio, dit le comte, et elle est déjà fate, si je ne me trompe.

— Excusez-moi, Excellence, mais ces premiers détails sont nécessaires, et vous m'avez promis d'être patient.

— Allez! allez! je n'ai qu'une parole.

— Un jour nous reçûmes une lettre; il faut vous dire que nous habitions le petit village de Rogliano, à l'extrémité du cap Corse : cette lettre était de mon frère; il nous disait que l'armée était licenciée et qu'il revenait par Châteauroux, Clermont-Ferrand, le Puy et Nîmes; si j'avais quelque argent, il me priait de le lui faire tenir à Nîmes, chez un aubergiste de notre connaissance, avec lequel j'avais quelques relations.

— De contrebande, reprit Monte-Christo.

— Eh! mon Dieu! monsieur le comte, il faut bien vivre.

— Certainement; continuez donc.

—J'aimais tendrement mon frère, je vous l'ai dit, Excellence : aussi je résolus non pas de lui envoyer l'argent, mais de le lui porter moi-même. Je possédais un millier de francs, j'en laissai cinq cents à Assunta, c'était ma belle sœur; je pris les cinq cents autres, et je me mis en route pour Nîmes. C'était chose facile, j'avais ma barque, un chargement à faire en mer; tout secondait mon projet.

Mais le chargement fait, le vent devint contraire, de sorte que nous fûmes quatre ou cinq jours sans pouvoir entrer dans le

Rhône. Enfin nous y parvînmes; nous remontâmes jusqu'à Arles; je laissai la barque entre Bellegarde et Beaucaire, et je pris le chemin de Nîmes.

— Nous arrivons, n'est-ce pas ?

— Oui, monsieur : excusez-moi, mais, comme Votre Excellence le verra, je ne lui dis que les choses absolument nécessaires. Or, c'était le moment où avaient lieu les fameux massacres du Midi. Il y avait là deux ou trois brigands que l'on appelait Trestaillon, Truphemy et Graffan, qui égorgeaient dans les rues tous ceux qu'on soupçonnait de bonapartisme. Sans doute monsieur le comte a entendu parler de ces assassinats.

— Vaguement; j'étais fort loin de la France à cette époque. Continuez.

— En entrant à Nîmes, on marchait littéralement dans le sang; à chaque pas on rencontrait des cadavres; les assassins, organisés par bandes, tuaient, pillaient et brûlaient.

A la vue de ce carnage, un frisson me prit, non pas pour moi, moi, simple pêcheur corse, je n'avais pas grand'chose à craindre; au contraire, ce temps-là c'était notre bon temps, à nous autres contrebandiers, mais pour mon frère, pour mon frère, soldat de l'Empire, revenant de l'armée de la Loire avec son uniforme et ses épaulettes, et qui par conséquent avait tout à craindre.

Je courus chez notre aubergiste. Mes pressentiments ne m'avaient pas trompé;

mon frère était arrivé la veille à Nîmes, et, à la porte même de celui à qui il venait demander l'hospitalité, il avait été assassiné.

Je fis tout au monde pour connaître les meurtriers, mais personne n'osa me dire leurs noms, tant ils étaient redoutés. Je songeai alors à cette justice française dont on m'avait tant parlé, qui ne redoute rien, elle, et je me présentai chez le procureur du roi.

— Et ce procureur du roi se nommait Villefort ? demanda négligemment Monte-Christo.

— Oui, Excellence : il venait de Marseille, où il avait été substitut. Son zèle lui avait valu de l'avancement. Il était un des premiers, disait-on, qui eussent annoncé au gouvernement le débarquement de l'île d'Elbe.

— Donc, reprit Monte-Christo, vous vous présentâtes chez lui.

— « Monsieur, lui dis-je, mon frère a été assassiné hier dans les rues de Nîmes, je ne sais point par qui, mais c'est votre mission de le savoir. Vous êtes ici le chef de la justice, et c'est à la justice de venger ceux qu'elle n'a pas su défendre.

— » Et qu'était votre frère? demanda le procureur du Roi.

— » Lieutenant au bataillon corse.

— » Un soldat de l'usurpateur, alors?

— » Un soldat des armées françaises.

— » Eh bien! répliqua-t-il, il s'est servi de l'épée et il a péri par l'épée.

— » Vous vous trompez, monsieur; il a péri par le poignard.

— » Que voulez-vous que j'y fasse? répondit le magistrat.

— » Mais je vous l'ai dit : je veux que vous le vengiez.

— » Et de qui?

— » De ses assassins.

— » Est-ce que je les connais, moi?

— » Faites-les chercher.

— » Pourquoi faire? Votre frère aura eu quelque querelle et se sera battu en duel.

Tous ces anciens soldats se portent à des excès qui leur réussissaient sous l'Empire, mais qui tournent mal pour eux maintenant; or nos gens du Midi n'aiment ni les soldats ni les excès.

— » Monsieur, repris-je, ce n'est pas pour moi que je vous prie. Moi, je pleurerai ou je me vengerai, voilà tout; mais mon pauvre frère avait une femme. S'il m'arrivait malheur à mon tour, cette pauvre créature mourrait de faim, car le travail seul de mon frère la faisait vivre. Obtenez pour elle une petite pension du gouvernement.

— » Chaque révolution a ses catastrophes, répondit M. de Villefort; votre frère a été victime de celle-ci, c'est un malheur, et le gouvernement ne doit rien à votre famille pour cela. Si nous avions à juger toutes les vengeances que les partisans de l'usurpateur ont exercées contre les partisans du roi quand à leur tour ils disposaient du pouvoir, votre frère serait peut-être aujourd'hui condamné à mort. Ce qui s'accomplit est chose toute naturelle, car c'est la loi des représailles.

— » Eh quoi! monsieur, m'écriai-je, il est possible que vous me parliez ainsi, vous, un magistrat!...

— » Tous ces Corses sont fous, ma parole d'honneur, répondit M. de Villefort, et ils croient encore que leur compatriote est empereur. Vous vous trompez de temps, mon cher; il fallait venir me dire cela il y a deux mois. Aujourd'hui il est trop tard ; allez-vous-en donc, et si vous ne vous en allez pas, moi, je vais vous faire reconduire. »

Je le regardai un instant pour voir si par une nouvelle supplication il y avait quelque chose à espérer.

Cet homme était de pierre. Je m'approchai de lui :

— « Eh bien ! lui dis-je à demi-voix, puisque vous connaissez si bien les Corses, vous devez savoir comment ils tiennent leur parole. Vous trouvez qu'on a bien fait de tuer mon frère, qui était bonapartiste, parce que vous êtes royaliste, vous ; eh bien ! moi, qui suis bonapartiste aussi, je vous déclare une chose : c'est que je vous tuerai, vous. A partir de ce moment je vous déclare la vendetta ; ainsi, tenez-vous bien, et gardez-vous de votre mieux ; car la première fois que nous nous trouverons face à face, c'est que votre dernière heure sera venue. »

Et là-dessus, avant qu'il fût revenu de sa surprise, j'ouvris la porte et je m'enfuis.

—Ah! ah! dit Monte-Christo, avec votre honnête figure, vous faites de ces choses-là, monsieur Bertuccio, et à un procureur du roi encore ! Fi donc ! e savait-il au moins ce que cela voulait dire, ce mot *vendetta* ?

— Il le savait si bien qu'à partir de ce moment il ne sortit plus seul et se calfeutra chez lui, me faisant chercher partout. Heureusement j'étais si bien caché qu'il ne put me trouver. Alors la peur le prit; il trembla de rester plus long-temps à Nîmes; il sollicita son changement de résidence, et, comme c'était en effet un homme influent, il fut nommé à Versailles; mais, vous le savez, il n'y a pas de distance pour un Corse qui a juré de se venger de son ennemi, et sa voiture, si bien menée qu'elle fût, n'a jamais eu plus d'une demi-journée d'avance sur moi, qui cependant le suivis à pied.

L'important n'était pas de le tuer, cent fois j'en avais trouvé l'occasion; mais il fallait le tuer sans être découvert et surtout sans être arrêté. Désormais je ne m'appartenais plus, j'avais à protéger et à nourrir ma belle-sœur. Pendant trois mois je guettai M. de Villefort; pendant trois mois il ne fit pas un pas, une démarche, une promenade, que mon regard ne le suivît là où il allait. Enfin, je découvris qu'il venait mystérieusement à Auteuil; je le suivis encore et je le vis entrer dans cette maison où nous sommes; seulement, au lieu d'entrer comme tout le monde par la grande porte de la rue, il venait soit à cheval, soit en voiture; laissait voiture ou cheval à l'auberge, et entrait par cette petite porte que vous voyez là.

Monte-Christo fit de la tête un signe qui prouvait qu'au milieu de l'obscurité il distinguait en effet l'entrée indiquée par Bertuccio.

— Je n'avais plus besoin à Versailles, je me fixai à Auteuil et je m'informai. Si je voulais le prendre, c'était évidemment là qu'il me fallait tendre mon piége.

La maison appartenait, comme le concierge l'a dit à Votre Excellence, à M. de Saint-Méran, beau-père de Villefort. M. de Saint-Méran habitait Marseille, par conséquent cette campagne lui était inutile : aussi disait-on qu'il venait de la louer à une jeune veuve que l'on ne connaissait que sous le nom de la baronne.

En effet, un soir, en regardant par-dessus le mur, je vis une femme jeune et belle qui se promenait seule dans ce jardin, que nulle fenêtre étrangère ne dominait ; elle regardait fréquemment du côté de la petite porte, et je compris que ce soir-là elle attendait M. de Villefort. Lorsqu'elle fut assez près de moi pour que malgré l'obscurité je pusse distinguer ses traits, je vis une belle jeune femme de dix-huit à dix-neuf ans, grande et blonde. Comme elle était en simple peignoir et que rien ne gênait sa taille, je pus remarquer qu'elle était enceinte et que sa grossesse même paraissait assez avancée.

Quelques moments après, on ouvrit la petite porte ; un homme entra : la jeune femme courut le plus vite qu'elle put à sa rencontre ; ils se jetèrent dans les bras l'un de l'autre, s'embrassèrent tendrement et regagnèrent ensemble la maison.

Cet homme, c'était M. de Villefort. Je jugeai qu'en sortant, surtout s'il sortait la nuit, il devait traverser seul le jardin dans toute sa longueur.

— Et, demanda le comte, avez-vous su depuis le nom de cette femme?

— Non, Excellence, répondit Bertuccio; vous allez voir que je n'eus pas le temps de l'apprendre.

— Continuez.

— Ce soir-là, reprit Bertuccio, j'aurais pu tuer peut-être le procureur du roi; mais je ne connaissais pas encore assez le jardin dans tous ses détails. Je craignis de ne pas le tuer roide, et, si quelqu'un accourait à ses cris, de ne pouvoir fuir. Je remis la partie au prochain rendez-vous, et pour que rien ne m'échappât, je pris une petite chambre donnant sur la rue que longeait le mur du jardin.

Trois jours après, vers sept heures du soir, je vis sortir de la maison un domestique à cheval qui prit au galop le chemin qui conduisait à la route de Sèvres; je présumai qu'il allait à Versailles, je ne me trompais pas. Trois heures après, l'homme revint tout couvert de poussière; son message était terminé. Dix minutes après, un autre homme à pied, enveloppé d'un manteau, ouvrait la petite porte du jardin, qui se referma sur lui.

Je descendis rapidement. Quoique je n'eusse pas vu le visage de Villefort, je le reconnus au battement de mon cœur : je traversai la rue, je gagnai une borne placée à l'angle du mur et à l'aide de laquelle j'avais regardé une première fois dans le jardin.

Cette fois je ne me contentai pas de regarder, je tirai mon couteau de ma poche, je m'assurai que la pointe était bien affilée, et je sautai par-dessus le mur.

Mon premier soin fut de courir à la porte ; il avait laissé la clef en dedans, en prenant la simple précaution de donner un double tour à la serrure.

Rien n'entraverait donc ma fuite de ce

côté-là. Je me mis à étudier les localités. Le jardin formait un carré long, une pelouse de fin gazon anglais s'étendait au milieu, aux angles de cette pelouse étaient des massifs d'arbres au feuillage touffu et tout entremêlé de fleurs d'automne.

Pour se rendre de la maison à la petite porte, ou de la petite porte à la maison, soit qu'il entrât, soit qu'il sortît, M. de Villefort était obligé de passer près d'un de ces massifs.

On était à la fin de septembre; le vent soufflait avec force; un peu de lune pâle, et voilée à chaque instant par de gros nuages qui glissaient rapidement au ciel, blanchissait le sable des allées qui conduisaient à la maison, mais ne pouvait percer l'obscurité de ces massifs touffus dans lesquels un homme pouvait demeurer caché sans qu'il y eût crainte qu'on ne l'aperçût.

Je me cachai dans celui le plus près duquel devait passer Villefort; à peine y étais-je, qu'au milieu des bouffées de vent qui courbaient les arbres au-dessus de mon front, je crus distinguer comme des gémissements. Mais vous savez, ou plutôt vous ne savez pas, monsieur le comte, que celui qui attend le moment de commettre un assassinat croit toujours entendre passer des cris sourds dans l'air. Deux heures s'écoulèrent pendant lesquelles, à plusieurs reprises, je crus entendre les mêmes gémissements. Minuit sonna.

Comme le dernier coup vibrait encore

lugubre et retentissant, j'aperçus une faible lueur illuminant les fenêtres de l'escalier dérobé par lequel nous sommes descendus tout à l'heure.

La porte s'ouvrit, et l'homme au manteau reparut.

C'était le moment terrible, mais depuis si long-temps je m'étais préparé à ce moment, que rien en moi ne faiblit; je tirai mon couteau, je l'ouvris et je me tins prêt.

L'homme au manteau vint droit à moi; mais à mesure qu'il avançait dans l'espace découvert, je croyais remarquer qu'il tenait une arme de la main droite : j'eus peur, non pas d'une lutte, mais d'un insuccès. Lorsqu'il fut à quelques pas de moi seulement, je reconnus que ce que j'avais pris pour une arme n'était rien autre chose qu'une bêche.

Je n'avais pas encore pu deviner dans quel but M. de Villefort tenait une bêche à la main, lorsqu'il s'arrêta sur la lisière du massif, jeta un regard autour de lui, et se mit à creuser un trou dans la terre. Ce fut alors que je m'aperçus qu'il y avait quelque chose dans son manteau qu'il venait de déposer sur la pelouse pour être plus libre de ses mouvements.

Alors, je l'avoue, un peu de curiosité se glissa dans ma haine : je voulus voir ce que venait faire là Villefort, je restai immobile, sans haleine; j'attendis.

Puis une idée m'était venue qui se confirma en voyant le procureur du roi tirer de son manteau un petit coffre long de deux pieds et large de six à huit pouces.

Je le laissai déposer le coffre dans le trou sur lequel il repoussa la terre, puis sur cette terre fraîche il appuya ses pieds pour faire disparaître la trace de l'œuvre nocturne. Je m'élançai alors sur lui et je lui enfonçai mon couteau dans la poitrine en lui disant :

« **Je suis Giovanni Bertuccio ! ta mort pour mon frère, ton trésor pour sa veuve : tu vois bien que ma vengeance est plus complète que je ne l'espérais.** »

Je ne sais s'il entendit ces paroles, je ne

le crois pas, car il tomba sans pousser un cri; je sentis les flots de son sang rejaillir brûlants sur mes mains et sur mon visage ; mais j'étais ivre, j'étais en délire; ce sang me rafraîchissait au lieu de me brûler. En une seconde j'eus déterré le coffret à l'aide de la bêche; puis, pour qu'on ne vît pas que je l'avais enlevé, je comblai à mon tour le trou, je jetai la bêche par-dessus le mur, je m'élançai par la porte, que je fermai à double tour en dehors et dont j'emportai la clef.

— Bon! dit Monte-Christo, c'était, à ce que je vois, un petit assassinat doublé de vol.

— Non, Excellence, répondit Bertuccio; c'était une vendetta suivie d'une restitution.

— Et la somme était ronde, au moins

— Ce n'était pas de l'argent.

— Ah! oui, je me rappelle, dit Monte-Christo; n'avez-vous pas parlé d'un enfant?

— Justement, Excellence. Je courus jusqu'à la rivière, je m'assis sur le talus, et, pressé de savoir ce que contenait le coffre, je fis sauter la serrure avec mon couteau.

Dans un lange de fine batiste était enveloppé un enfant qui venait de naître; son visage empourpré, ses mains violettes annonçaient qu'il avait dû succomber à une asphyxie causée par des ligaments naturels roulés autour de son cou; ce pendant, comme il n'était pas froid encore, j'hésitai à le jeter dans cette eau qui coulait à mes pieds : en effet, au bout d'un instant, je crus sentir un léger battement vers la région du cœur ; je dégageai son cou du cordon qui l'enveloppait, et, comme j'avais été infirmier à l'hôpital de Bastia, je fis ce qu'aurait pu faire un médecin en pareille circonstance : c'est-à-dire que je lui insufflai courageusement de l'air dans les poumons, et qu'après un quart d'heure d'efforts inouïs, je le vis respirer, et que j'entendis un cri s'échapper de sa poitrine.

A mon tour je jetai un cri, mais un cri de joie. « Dieu ne me maudit donc pas, me dis-je, puisqu'il permet que je rende la vie à une créature humaine en échange de la vie que j'ai ôtée à une autre. »

— Et que fîtes-vous de cet enfant? demanda Monte-Christo; c'était un bagage assez embarrassant pour un homme qui avait besoin de fuir.

— Aussi n'eus-je point un instant l'idée de le garder. Mais je savais qu'il existait à Paris un hospice où on reçoit ces pauvres créatures. En passant à la barrière, je déclarai avoir trouvé cet enfant sur la route, et je m'informai. Le coffre était là qui faisait foi; les langes de batiste indiquaient que l'enfant appartenait à des parents riches; le sang dont j'étais couvert pouvait aussi bien appartenir à l'enfant qu'à tout autre individu. On ne me fit aucune objection; on m'indiqua l'hospice, qui était situé tout au haut de la rue d'Enfer, et, après avoir pris la précaution de couper le lange en deux de manière à ce qu'une des deux lettres qui le marquaient continuât d'envelopper le corps de l'enfant, tandis que je garderais l'autre, je déposai mon fardeau dans le tour, je sonnai et je m'enfuis à toutes jambes. Quinze jours après, j'étais de retour à Rogliano, et je disais à Assunta :

— Console-toi, ma sœur ; Israël est mort, mais je l'ai vengé.

Alors elle me demanda l'explication de ces paroles, et je lui racontai tout ce qui s'était passé.

CHAPITRE XI.

LA VENDETTA (suite).

— « Giovanni, me dit Assunta, tu aurais dû rapporter cet enfant; nous lui eussions tenu lieu des parents qu'il a perdus; nous l'eussions appelé Benedetto, et en faveur de cette bonne action Dieu nous eût bénis effectivement. »

Pour toute réponse je lui donnai la moitié de lange que j'avais conservée, afin de faire réclamer l'enfant si nous étions plus riches.

— Et de quelles lettres était marqué ce lange ? demanda Monte-Christo.

— D'un H et d'un N surmontés d'un tortil de baron.

— Je crois, Dieu me pardonne ! que vous vous servez de termes de blason, monsieur Bertuccio ! Où diable avez-vous fait vos études héraldiques ?

— A votre service, monsieur le comte, où l'on apprend toutes choses.

— Continuez, je suis curieux de savoir deux choses.

— Lesquelles, monseigneur?

— Ce que devint ce petit garçon; ne m'avez-vous pas dit que c'était un petit garçon, monsieur Bertuccio?

— Non, Excellence; je ne me rappelle pas avoir parlé de cela.

— Ah! je croyais avoir entendu, je me serai trompé.

— Non, vous ne vous êtes pas trompé, car c'était effectivement un petit garçon; mais Votre Excellence désirait, disait-elle, savoir deux choses: quelle est la seconde?

—La seconde était le crime dont vous étiez accusé quand vous demandâtes un confesseur, et que l'abbé Busoni alla vous trouver sur cette demande dans la prison de Nîmes.

—Peut-être ce récit sera-t-il bien long, Excellence.

—Qu'importe? il est dix heures à peine, vous savez que je ne dors pas, et je suppose que de votre côté vous n'avez pas grand'envie de dormir.

Bertuccio s'inclina, et reprit sa narration.

— Moitié pour chasser les souvenirs qui m'assiégeaient, moitié pour subvenir aux besoins de la pauvre veuve, je me remis avec ardeur à ce métier de contrebandier, devenu plus facile par le relâchement des lois qui suit toujours les révolutions. Les côtes du Midi surtout étaient mal gardées, à cause des émeutes éternelles qui avaient lieu, tantôt à Avignon, tantôt à Nîmes, tantôt à Uzès. Nous profitâmes de cette espèce de trêve qui nous était accordée par le gouvernement pour lier des relations sur tout le littoral. Depuis l'assassinat de mon frère dans les rues de Nîmes, je n'avais pas voulu rentrer dans cette ville. Il en résulta que l'aubergiste avec lequel nous faisions des affaires, voyant que nous ne voulions plus venir à lui, était venu à nous, et avait fondé une succursale de son auberge sur la route de Bellegarde à Beaucaire, à l'enseigne du *Pont du Gard*. Nous avions ainsi, soit du côté d'Aigues-Mortes, soit aux Martigues, soit à Bouc, une douzaine d'entrepôts où nous déposions nos marchandises et où, au besoin, nous trouvions un refuge contre les douaniers et les gendarmes. C'est un métier qui rapporte beaucoup que celui de contrebandier, lorsqu'on y applique une certaine intelligence secondée par quelque vigueur; quant à moi, je vivais dans les montagnes, ayant maintenant une double raison de craindre gendarmes et douaniers, attendu que toute comparution devant les juges pouvait amener une enquête, que cette enquête est toujours une excursion dans le passé, et que dans mon passé, à moi, on pouvait rencontrer maintenant quelque chose plus grave que des cigares entrés en contrebande ou des barils d'eau-de-vie circulant sans laisser-passer. Aussi, préférant mille fois la mort à une arrestation, j'accomplissais des choses étonnantes, et qui, plus d'une fois, me donnèrent cette preuve que le trop grand soin que nous prenons de notre corps est à peu près le seul obstacle à la réussite de ceux de nos projets qui ont besoin d'une décision rapide et d'une exécution vigoureuse et déterminée. En effet, une fois qu'on a fait le sacrifice de sa vie, on n'est plus l'égal des autres hommes, ou plutôt les autres hommes ne sont plus vos égaux, et quiconque a pris cette résolution sent, à l'instant même, décupler ses forces et s'agrandir son horizon.

— De la philosophie, monsieur Bertuccio! interrompit le comte; mais vous avez donc fait un peu de tout dans votre vie ?

— Oh ! pardon, Excellence !

— Non, non ! c'est que de la philosophie à dix heures et demie du soir, c'est u peu tard. Mais je n'ai pas d'autre observation à faire; attendu que je la trouve exacte, ce qu'on ne peut pas dire de toutes les philosophies.

— Mes courses devinrent donc de plus en plus étendues, de plus en plus fructueuses. Assunta était la ménagère, et notre petite fortune s'arrondissait. Un jour que je partais pour une course : — Va, dit-elle, et à ton retour je te ménage une surprise.

Je l'interrogeai inutilement : elle ne voulut rien me dire et je partis.

La course dura près de six semaines ; nous avions été à Lucques charger de l'huile, et à Livourne prendre des cotons anglais ; notre débarquement se fit sans événement contraire, nous réalisâmes nos bénéfices et nous revînmes tout joyeux.

FIN DU SIXIÈME VOLUME.

TABLE DES CHAPITRES.

Chap. Ier. Les catacombes de Saint-Sébastien (suite) 1
II. Le rendez-vous 35
III. Les convives 59
IV. Le déjeuner 91
V. Le déjeuner (suite) 137
VI. La présentation 183
VII. La présentation (suite) . . . 195
VIII. Monsieur Bertuccio 235
IX. La maison d'Auteuil 255
X. La vendetta 283
XI. La vendetta (suite) 315

A LA MÊME LIBRAIRIE.

Ouvrages récemment parus.

Fernande, par Alexandre Dumas. . . . . 3 v.

Le Vétéran du camp de la Lune, par Marco de Saint-Hilaire. 2

Feu Bressier et **Histoire invraisemblable,** par Alphonse Karr. 3

Géraldine, par madame Reybaud. 2

Ne touchez pas à la Hache, par Amédée Gouet. . . . 2

www.ingramcontent.com/pod-product-compliance
Lightning Source LLC
Chambersburg PA
CBHW062008180426
43199CB00033B/1680